〈그대가 조국〉 텀블벅 펀딩에 성원을
보내주셔서 감사합니다. 영화를 관람해주신
시민 여러분께도 깊은 감사를 올립니다.
촛불을 드는 마음으로 참가하셨으리라
짐작합니다. 넘어진 이 자리가 무참하지만
새로운 시작점입니다. 희망의 거처입니다.

2022. 6. 조 국

그대가 조국 스토리북

The Red Herring:

The Storybook of Film "We are all 'Cho Kuk'"

By CalvinKleinProject

Published by Hangilsa Publishing Co. Ltd., Korea, 2022

그대가 조국 스토리북

켈빈클레인프로젝트

한길사

기억 너머에 있는 고통의 흔적들

이승준 감독

2021년 어느 뜨거운 여름날, 사무실로 걸어가고 있었다.
그때 걸려온 전화 한 통. 나의 전작인 「그림자꽃」을 배급했던
엣나인필름의 정상진 대표였다.
"혹시 요즘 하고 있는 작품 있어요?"
"올해 9월까지 마무리해야 하는 프로젝트가 하나
있습니다만…"
그는 내 말을 끊고 물었다.
"조국 전 장관 관련 다큐멘터리 영화 할 생각 있어요?"
갑작스런 질문이라 난 얼버무렸다.
"어… 글쎄요, 제가 그동안 저널리즘에 기반하거나 정치적인
이슈를 정면으로 다루는 다큐멘터리를 해오진 않았는데…"
"그래서 이 감독님이 했으면 좋겠다는 생각입니다."
2019년 여름, 검증되지 않은 의혹 기사가 무수히 쏟아져
나오고 조국 전 장관과 그의 가족들이 공격을 당할 때
'누군가에게 돌이킬 수 없는 큰일이 생기는 건 아닐까?'라며

걱정했던 기억은 있었다. 하지만 정경심 교수가 기소된 후
유죄판결이 나면서 '검찰과 언론이 심한 거 같아. 하지만
조국 전 장관과 그의 가족에게도 문제가 있는 것 같군'이라는
사람들의 생각은 굳어진 것 같았고, 나 역시 그와 크게 다르진
않았다.

정 대표와 통화를 한 후 2019년 여름과 가을의 혼란스러웠던
상황을 정리한 책들을 찾아봤다. 『조국의 시간』과 『조국백서』를
읽었다. 주류 언론에서 다루지 않았던 많은 내용이 적혀
있었다. 당시의 상황을 다시 판단하는 데 필요한 이야기를
시간이 더 가기 전에 영상으로 정리할 필요를 느꼈다. 무엇보다
내 마음을 움직인 건 당시 조국 전 장관과 그의 가족을 둘러싼
의혹과 수사·재판 등에 직간접적으로 관여되었던 사람들,
검찰 조사를 받고 법정 증언을 했던 사람들이었다. 더 늦기
전에 그들의 기억을 소환한다면 진실에 접근할 수 있겠다는
생각이 들었다. 그 기억 너머에 있는 고통의 흔적들도
끄집어내야 했다.

영화 공개는 가능한한 빠른 게 좋았다. '조국'은 좋지 않은
이미지로 더욱 단단하게 각인되어 갔다. 늦어도 2022년 봄에는
공개할 수 있도록 해야 했다. 시간이 많지 않았다. 짧게는
1년 반, 길게는 4년씩 걸려서 작품을 만들어 온 나로서는
모험이기도 했다. 촬영이 완전히 끝나기 전에, 자료가 모두
확보되기 전에 편집에 들어가야 하는 상황이었다. 편집 감독이

아닌 내가 직접 편집해야 할 것이라고 예상했다. 스태프를 꾸리고, 촬영 계획을 세우고, 인터뷰 대상자를 찾았다. 첫 촬영은 11월에 시작됐다.

동양대학교 장경욱 교수를 인터뷰하던 날을 잊을 수 없다. 그를 처음 대면한 날이었다.

"저, 인터뷰하기 전에 담배 한 대 피우고 해도 될까요?"

스튜디오 바깥에서 그는 담배 세 대를 연달아 피웠다. 그 자리에서 그와 무슨 이야기를 했는지 정확히 떠오르진 않는다. 다만 그의 불안한 미소와 흔들리는 눈동자와 떨리는 목소리만은 또렷했다. 그때 계획에 없던 경북 영주에서의 장경욱 교수 일상을 촬영해야겠다고 마음먹었다.

2019년 8월 조 전 장관이 법무부장관으로 지명된 후부터 사퇴할 때까지 67일간의 시간을 복기하는 것이 이 영화의 핵심이었다. 폭우처럼 쏟아지던 의혹과 공격을 차분히 걸러서 정리할 필요가 있었다. 정경심 교수와 조국 전 장관 재판을 줄곧 방청해온 빨간아재 박효석 기자가 물었다.

"재판 과정도 다루실 건가요?"

재판은 이 영화에서 다루고자 했던 바가 아니었다. 67일을 정리하는 것만으로도 숨찰 것 같았다. 박효석 기자는 그동안 본인이 재판 과정 중에 목격한 검찰과 언론의 민낯을 내게 전달해주었다. 재판을 통해 몇 개의 퍼즐이 맞춰지며 2019년의 상황이 이해됐다. 결국 재판 과정을 다루기로 마음먹었는데,

마침 조국 전 장관 재판부가 동양대 PC의 증거능력을 인정하지 않겠다고 선언했다. 재판은 새로운 국면으로 접어들었다. 검찰이 거세게 반발하며 재판부 기피신청을 했다. 영화의 엔딩이 희망적일 수도 있겠다는 생각을 했다. 정경심 교수 재판은 대법원 판결에 기대를 걸어도 좋을 듯했다. 모두들 희망에 부풀었다. 하지만 결과는 상고 기각. 4년형이 확정됐다. 조국 전 장관 재판은 검찰의 재판부 기피신청으로 중단됐다. 조 전 장관은 여전히 캄캄한 터널 안에 있어야 했다.

정경심 교수 대법원 판결에 모두 실망하고 있을 무렵 IT 전문가 박지훈 대표를 만났다. 촬영이 거의 마무리되어 곧 편집을 시작해야 했던 때였다. 우연히 만나게 된 그는 표창장 위조와 관련한 포렌식 과정에서 드러난 검찰의 민낯에 대해 이야기했다. 그 모습은 추했고 그들이 벌인 일은 치졸했다. 역설적이게도 거기에 희망이 있을 수 있겠다는 생각이 들었다.

편집은 유난히 힘들었다. 원래 편집이라는 것이 정신적으로 상당히 피곤한 일인데 이번에는 시간마저 부족했다. 영화에 쓰일 자료를 찾는 동시에 편집을 해야 했다. 아침부터 밤까지, 휴일 없이, 두 달가량 하루도 빠짐없이 편집에 매달렸다. 첫 번째 편집본이 나온 때가 3월 7일. 음악과 자막도 없었고, 색 보정도 되지 않은 편집본으로 내부 시사회를 가졌다. 제작진과 배급사, 홍보사 담당자들이 참석했다. 조국 전 장관도 왔다. 그의 옆에 내가 앉았다. 영화가 상영되는 내내 조 전 장관은 가만히 있지 못했다. 종종 밖으로 나갔다가 들어왔다.
'영화가 기대 이하라서 그런가?' 하고 내심 걱정했다. 나중에
전해 들었지만, 다 아는 내용인데도 당시에 겪었던 고통이
되살아나서 가만히 앉아 있기가 힘들었다고 했다. 괜히
죄송스러웠다. 시사회를 마친 후 제작사 대표가 홍보사
실장에게 물었다.

"영화 어때요? 잘 만들지 않았어요?"

실장이 우려 섞인 목소리로 말했다.

"영화에 대한 평가가 중요한 게 아니라 다들 조사받을
각오를 해야 할 것 같은데요."

이틀 후 대통령 선거는 윤석열 후보의 당선으로 끝났다.
개봉은 할 수 있을지 걱정스러웠다.

개봉에 대한 우려는 기우였다. 배급을 위한 크라우드 펀딩에
예상을 훨씬 뛰어넘는 사람이 참여했다. 한동안 잊고 있었던
대학 선배가 문자를 보냈다. 대학에서 역사를 가르치는
그는 내게 '영상으로 역사를 쓰고 있는 자네에게 큰 박수를
보낸다'며 「그대가 조국」을 꼭 챙겨보겠다고 했다. 지인들이
모두 지지와 응원을 했던 것은 아니었다. 개봉 소식을 전해도
아무런 반응이 없는 이들도 있었다. 희한한 경험이었다. '왜
이승준 감독이 「그대가 조국」을 만들었는지 이해할 수 없다'는
얘기도 전해 들었다. 어떤 이유에서건 보기 전부터 이 영화가
마음에 들지 않는다는 표현이었다. 슬펐다.

개봉 후 주중에는 서울의 상영관을, 주말에는 부산·대구·광주 등 지역 도시의 상영관을 찾았다. 무대인사를 하고 관객과의 대화에 참여했다. 관객들은 고맙고 또 고맙다는 말을 많이 해주었다. 그들은 외로워 보였다. 혼자 영화관을 찾은 사람들이 꽤 됐다. 누구에게 말하지 못하고 혼자서 볼 수밖에 없어서 지독히 외로웠으리라.

'도저히 볼 자신이 없었는데 겨우 왔다. 오길 잘했다' '너무 울 것 같아서 휴지를 잔뜩 가지고 왔는데 한 장도 안 썼다' 등의 평을 남겼다. 다행이었다. 개봉 날에 더 센 이야기를 넣을 수는 없었느냐며 「그대가 조국 2」는 언제 만드는지 물어보는 이도 있었다. 아무것도 할 수 없는 현실이 지독하게 답답하다고 호소하는 이들이 많았지만, 어떤 관객은 희망을 봤다고 했다. 친한 선배가 영화를 본 후 문자를 보내왔다. '난 조국에 대해 좀 실망한 게 있지. 근데 가만히 생각해보니 내 생각이 틀렸을지도… 영화를 보고 나니 조국에 대한 믿음이 생겼어. 생각이 달라지네.' 참 고맙고 반가운 문자였다.

내게 다큐멘터리를 만든다는 것은 세상에 질문을 던지는 것과 같은 의미다. 질문은 늘 가려지고 드러나지 않은 것들로 향한다. 기자들이 내게 질문한다, 왜 균형을 맞추지 않았느냐고. 내가 대답한다, 이제서야 균형이 맞춰지지 않았느냐고. 그때 언론과 검찰이 균형을 맞췄느냐고. 조국 전 장관, 그리고 그의 가족과 관련해 '내가 본 것이

다일까?' '내가 들었던 것이 사실일까?' '내 판단이 정확할까?'
궁극적으로「그대가 조국」이 세상에 던지고 싶었던
질문들이다. 더 많은 사람이 그 질문과 마주하게 되길 바랄
뿐이다.

그대가 조국
스토리북

기억 너머에 있는 고통의 흔적들 | 이승준   5

— 영화「그대가 조국」스토리   15

— 영화「그대가 조국」제작상영 일지   225

— 내가 본 영화「그대가 조국」
  우리 안의 광기, 우리 안의 파시즘 | 오동진   247
  침묵하던 '그대'가 봐야 할 영화 | 전지윤   255

— 못다 한 이야기
  당신을 지키는 마지막 카메라가 되어드리겠습니다 | 정상진   265
  외면당한 증거들 | 박지훈   271
  세상에는 비판해야 하는 판결도 있다 | 박효석   279
  목표는 일상을 돌려받는 것이다 | 김경록   285
  우리는 각자의 세상에서 모두 주인공이다 | 박준호   289
  그대가 조국이 되지 말라는 법이 있는가 | 심병철   295
  영화표 한 장이 촛불 하나입니다 | 조국   301

일러두기

- 이 책은 다큐멘터리 영화 「그대가 조국」을 기반으로 만들었다.
- 일명 '조국 사태' 당시의 일이 아닌 현재 인터뷰는 바탕색을 달리해서 과거와 현재 시점을 구분했다.
- 공직자의 직함은 일명 '조국 사태' 당시의 호칭을 쓴다.

영화「그대가 조국」
스토리

대한민국은 민주공화국인가.

검찰의 칼날이 그대에게 향하지 않는다고

자신할 수 있는가.

사냥이 시작됐다.

검찰이 던진 좌표를 따라

언론은 몰려들고

소문은 꼬리를 문다.

분노한 대중 앞에 검찰은 칼을 휘두른다.

저기 쫓기는 자는 누구인가.

그대가 아니라고 자신할 수 있는가.

「그대가 조국」은 조국이 법무부장관에 지명된
2019년 8월 9일부터 장관직을 사퇴한
10월 14일까지 67일 동안
도대체 무슨 일이 있었던 것인지, 우리는
무엇을 보았는지를 다룬다.
검찰개혁을 무산시키려는 정치적 목적을 가진
검찰이 수사라는 명목으로 사냥을 벌이던
그때 그 시간을 돌아본다.
이것은 단지 조국이라는 한 사람에게서
끝나는 것이 아니다.
언젠가는 내가, 내 주변의 누군가가
조국이 될 수 있음을 의미한다.

로버트 잭슨

미국 연방
검찰총장

"검사는 피고인을 고를 수 있다.

거기에 검사의 가장 위험한 권력이 있다.

그는 기소할 사건을 고르기보다

기소할 사람을 고른다."

조국　　　　"이게 지금 3년째잖아요. 3년째가 돼도 전혀
　　　　　익숙하지가 않고 갈 때마다 어떤 느낌이냐면
　　　　　저는 처분의 대상자에 불과하니까 숨이 막히는
　　　　　것 같아요. 법정에 들어갈 때마다 답답함, 갑갑함
　　　　　이런 게 밀려오지요. 제가 아는 진실, 제가 아는
　　　　　사실, 제가 아는 법리를 재판부가 받아줄지 안
　　　　　받아줄지 알 수가 없는 거예요.
　　　　　저는 사실상 조선 시대로 보면 귀양을 간
　　　　　상태예요.
　　　　　귀양 가고 유배된 사람의 말은 어떤 말이어도
　　　　　들어주지 않습니다. 고통스럽고 잔인한
　　　　　비운의 고리 속으로 들어온 거지요."

〈2019년 7월 25일 청와대〉

사회자   "지금 대통령님께서 입장하십니다. 모두
자리에서 일어나주시길 바랍니다."

"임명장

윤석열

검찰총장에 임함.

2019년 7월 25일

대통령 문재인"

문재인   "국민들은 검찰이 무소불위의 권력으로 국민
대통령   위에 군림하는 것이 아니라 근본적으로
변화하기를 바라고 있습니다. 국민들의 기대가
높습니다. 저도 기대를 많이 합니다."

〈2011년 12월 7일 검찰개혁을 위한 토크콘서트 'The 위대한 검찰'〉

조국   "검사들은 자기 스스로를 칼 검(劍) 자, 칼 쓰는
사람. 검사라고 자부합니다. 그런데 문제는 칼을
쓰는 사람이 그 칼의 방향, 속도, 강도를 잘못
정하면 엄한 사람을 죽이지요. 칼을 잘못 쓰는
검사의 칼은 뺏어야 합니다.
안 그러면 그 칼을 막 쓰는 거지요.
검찰총장이 장관급입니다. 법무부장관 밑에
검찰총장이 있습니다. 그다음 검찰 조직에는
차관급 검사장이 54명이 있습니다. 차관이 54명이
있으니 엄청난 권한을 가지고 있는 거지요. 즉
법무부장관의 권한 자체가 얼마큼 큰지를 당장
조직 구도로 보여줍니다.
다른 부처에는 장관 하나, 차관 하나 있어요.
이만큼 중요한 법무부장관 자리를
누가 임명합니까? 대통령이 임명합니다.
어떤 분이 법무부장관이 되시냐가 검찰개혁의
핵심 중 하나입니다. 누구를 임명하시겠습니까?"

문재인   "여러분, 우리 조국 교수님 어떻습니까?"

노무현재단
이사장

최강욱

전 대통령
비서실
공직기강
비서관

"대통령과 오랫동안 소통하면서 교수 시절부터
형사사법 체계 전반에 대해 가지고 있었던
고민들을 제도화시킬 수 있는 사람으로서 조국
수석만 한 적임자가 없었습니다."

강기정

전 대통령
비서실
정무수석

"문재인 대통령과 조국 수석은 권력개혁에
대해서는 한 몸이었던 것 같아요.
대통령께서는 총장에는 윤석열,
법무부장관에는 조국을 임명함으로써 인사와
제도의 안착은 법무부장관이, 공수처와 수사권
조정은 검찰총장에게 맡겨 조국과 윤석열을 양
날개로 해서 검찰개혁과 사법개혁, 권력개혁을
하고 싶었던 거지요."

〈2019년 8월 9일〉

고민정 대통령 비서실 대변인	"문재인 대통령은 오늘 장관급 8명, 주미합중국대사관 특명전권대사에 대한 인사를 단행했습니다. 법무부장관에 조국. 조국 장관 후보자는 권력기관 개혁에 대한 확고한 소신과 강한 추진력을 가지고 기획 조정자 역할을 성공적으로 수행했습니다."
KBS 기자	"예상대로였습니다. 문재인 대통령이 법무부장관으로 조국 전 민정수석 카드를 택했습니다. 사법개혁을 설계한 전임 민정수석에게 사법개혁의 완성까지 맡기겠다는 뜻입니다."

강기정   "검찰개혁, 공수처 설치, 자치경찰제, 권력개혁을
         가장 잘 할 수 있는 사람이 누구냐 하다 보니
         조국 수석을 찾게 된 것 같습니다."

최강욱   "그런데 본인은 법무부장관으로 가는 거를
         굉장히 마뜩잖게 생각했었습니다.
         학자로서 다시 학교로 돌아가고 싶다는
         소망을 공적이거나 사적인 자리에서
         계속 피력했었지요.
         그럼에도 불구하고 대통령께서 생각하고 있었던
         검찰개혁의 방향이나 제도 개선을 하는 데 있어서
         법무부장관의 책임이나 역할이 굉장히
         중요하다는 것들을 잘 알고 있었습니다.
         그런 책임자 역할을 군이 피하는 것이 대통령님에
         대해서나 시대 그리고 국민에 대한 도리가
         아니라고 생각했던 것 같습니다."

조국   "2019년 봄 정도였던 것 같아요. 장관, 수석비서관

교체에 대한 보고를 하는 자리에서 대통령님께서

법무부 가는 거 어떻겠느냐라는 말씀을

하시더라고요. 권력기관 개혁 업무를 맡았는데

그게 최종적으로는 법률로 마무리되는 것이니

민정수석비서관으로 했던 업무의 연장선상에서

마무리를 짓자라는 취지의 말씀을 하셨습니다."

KBS
기자
"예상대로 자유한국당 등 야당의 반발이
만만치 않습니다. 야당에 전쟁을 선포했다,
더불어민주당이 협치를 포기했다는 이야기가
나왔습니다."

나경원
자유한국당
의원
"검찰 장악에 이어서 '청와대 검찰'을
하나 더 만들겠다는 강한 의지의
표명으로 보입니다."

오신환
바른미래당
의원
"국회와 싸워보겠다는 의지를 담은 것이
아니겠습니까."

김진태
자유한국당
의원
"조국 후보는 이석기보다도 대한민국에
훨씬 더 위험한 인물입니다. 이것은
마치 강도가 경찰청장이 되겠다고
하는 것이나 마찬가지입니다."

나경원
"이 정도면 임명 자체가 국민에 대한 모욕입니다.
법무부장관 후보자 지명 자체가 농단입니다."

KBS	"정치권에서 조국 법무부장관 후보자의 남한
앵커	사회주의노동자동맹 이른바 사노맹 활동 경력이
	논란이 되고 있습니다."

김진태 "조국 부친 묘비에 이혼한 전 제수씨 이름…
위장이혼 의혹"

[단독] 10년 전 이혼했다는 조국 남동생, 지난해 전 부인의
회사 이어받아

조국 법무부장관 후보자의 학위 논란과 학술지 논문 25건이
표절 의혹에 연루되어 있다고 추정했습니다

"위장전입, 시민 마음 후벼판다"더니… 조국 본인도
위장전입

곽상도 "조국 딸, 두 차례 유급에도 의전원 장학금 받아"

조국 법무부장관 후보자의 딸이 6학기 동안 장학금을
받았다는 의혹이 제기…

[단독] 조국 동생, 웅동학원 땅 담보로 14억 사채

조국 딸, 의전원 유급에도 6학기 장학금 수혜 의혹

가족 간의 석연치 않은 부동산 거래가 논란입니다.
웅동학원 둘러싼 조국 일가 '50억 채무 면탈' 의혹 확산

학교 공사를 맡았던 아버지 회사에서도 이사를 맡았던 것
아니냐는…

조국 딸, 포르쉐 타고 다니면서 장학금 받아?

동생 부부의 위장이혼 의혹까지 나오고 있습니다

[단독] 조국은 경매, 아내는 매매예약 … IMF 때 반토막난
아파트 '쇼핑'

조국도 '강남 부동산 부자' … 문 정부 각료들의 '재테크
실력'에 이목 집중

조국 후보자의 딸에 이어 아들에 관한 의혹도 불거지고
있습니다

조국 여배우 누구? … 김용호 연예부장 "조국, 톱스타급
여배우 후원했다" 폭로

조성식
전『신동아』
기자

"언론의 속성 자체가 어떤 하이에나와 같은
먹잇감이 나타났다고 하면 모든 매체가
경쟁하듯이 달라붙는단 말이에요.
언론으로 봐서는 보통 큰 장이 섰다고 해요.
장이 섰다고 하면 너도 나도 가서
물건을 팔아야 하는 거예요. 물건을."

김선

조국
전 장관
아파트 주민

"8월 초에 기자들이 와서 슈퍼, 가게, 이런 데까지
다니면서 '그 집 장은 뭐 보냐, 그 집 사람들은
어떠냐, 사모님 인상 괜찮냐…' 묻는 거예요.
하루 종일 저희 동네 벤치에 앉아 있던 여자 기자
분하고 얘기를 했어요.
'기자님, 덥고 힘들지 않아요?'
'시키는데 어떡해요, 저도 하나는 해갖고
가야지요'라고 말하더군요."

〈2019년 8월 19일〉

채널 A
앵커

"여러분 안녕하십니까. 조국 장관 후보자가
가입한 용어도 생소한 사모펀드 논란이 오늘도
계속됐습니다. 문재인 정부 고위공직자 198명의
재산 공개 내역안에서 사모펀드에 투자한 사람은
조국 후보자가 유일했습니다. 그것도 10억 원
넘는 돈을 투자했습니다."

오신환
바른미래당
의원

"사노맹으로 사회주의 혁명을 추구하다가,
사모펀드로 자본주의적 재테크를 했다고 하니
눈부신 변신이라고 할 수 있겠습니다."

[단독] 조국, 민정수석 시절 사모펀드에 75억 투자 약정
고위공직자 198명 중 사모펀드 투자자는 조국뿐

"조국, 뜨거운 심장으로 20대엔 민주화운동 50대엔
사모펀드"

조용히 돈 굴리고 세금도 피하고… 진짜 부자들은
사모펀드로 몰린다

"부실기업에 투자해 수익"… 커지는 '조국 사모펀드' 의혹

조국 가족 투자 코링크 PE 어떤 회사길래… 베일 싸인
신생사

'조국 펀드' 커지는 의혹… 靑 지위 활용 증여 노렸나

김무성 "조국 펀드, 대선 준비 위해 자금 만들려는 것"

검찰, '조국 일가 펀드 의혹' 고발 사건 형사부 배당

김경록

정경심
자산관리인
(전 한국투자
증권 PB)

"일반인들한테 사모펀드라고 하면 프라이빗하고 뭔가 숨어 있는 것 같은 이미지를 주지요. 그런데 대중화까지는 아니더라도 이미 보편화된 상품이에요. 자산이 많은 고액 자산가만 투자하는 상품 형태라고 할 수도 없습니다.
사모펀드는 간접투자라서 청와대나 감독원 규정에 저촉되지 않았거든요. 만약 공모펀드를 했다면 투자사에서 유명세나 영향력을 이용하면서 문제가 될 수 있었습니다. 반면 사모펀드는 블라인드 형태로 만들 수 있고 한 번 설정이 되면 추가 납부가 안 되니까 유명세를 이용할 수가 없습니다. 그래서 사모펀드를 권해드린 거였어요."

심병철

대구 MBC
기자

"권력형 비리 아니냐 이런 식의 보도들이
많았지요. 언론에서 몰아간다는 느낌 말이에요."

김태현

『아주경제』
기자

"코링크 PE라는 사모펀드 운용사가 정경심
교수가 실소유주로서 조국 가족펀드고 조국
대선을 위해서 만들어진 펀드라는 식의 보도가
나왔었지요."

박효석

시사 유튜버
(빨간아재
운영)

"주가조작 세력하고 결탁하여 대선자금을
마련하기 위해서 금융범죄를 저질렀다는 쪽으로
몰고 간 거지요."

최강욱

"사실은 인사검증 과정에서 재산 등록 상황
등을 체크하기 때문에 거기에 사모펀드를
갖고 있었다는 것은 재산 등록으로 공개되어
있는 사안이라서 그것들을 다 들여다보았고
법률적으로는 문제가 없는 사안이었거든요."

〈2019년 8월 26일 종로 적선현대빌딩〉

조국   "약속드린 대로 오늘은 제가 추진하고자 하는 법무 검찰의 개혁 정책에 대해 말씀드리고자 합니다. 첫째는 수사권 조정과 공수처 설치의 실현입니다. 저는 정부 합의안의 기본정신을 지키되 열린 마음으로 수사권 조정과 공수처 설치의 법제화가 이번 국회에서 마무리될 수 있도록 적극 지원하겠습니다."

〈2019년 8월 27일〉

KBS
앵커
"조국 법무부장관 후보자에 대한 각종 의혹과
관련해서 검찰이 오늘 전국적으로 20여
곳에 대해서 동시다발적으로 압수수색에
착수했습니다.
이번 수사는 윤석열 검찰총장이 사실상 직접
진두지휘한 것으로 보입니다. 국민적 관심이
큰 공적 사안이라고 검찰은 원칙론을 내세우고
있습니다. 그러나 검찰개혁에 대한 검찰의 조직적
저항이라는 말도 당연히 따라 나오고 있습니다."

박상기
전
법무부장관

"압수수색이라는 게 어느 정도 수사가 진행된 상황에서 증거물을 확보하기 위해 진행되는 절차인데 이건 아주 초기 단계였잖아요. 이 사건이 이상한 방향으로 가고 있다는 생각을 했지요.

국무회의에 참여하기 위해 가는 차 안에서 보고를 받았습니다. 당시에 중앙지검장에게 전화를 했지요. 누가 지시했느냐고 물었더니 그건 말씀드리기가 어렵다는 거예요."

〈2019년 10월 7일 법제사법위원회 국정감사〉

김종민   "8월 27일 날 압수수색이 30건 들어갔어요.
더불어   이게 청문회를 앞두고 인사청문회가 예정되어
민주당 의원 있는 청문 일정을 뒤바꾼 사건입니다.
         이 사건이."

배성범   "저희는 수사 상황을 보고 어떤 사실과 증거에
서울중앙   따라서 판단했고 수사 외적인 고려를 할 수 있는
지검장   입장은 아니었다고 생각합니다."

김종민   "압수수색 결정은 우리 지검장님 책임 하에
         결정한 겁니까?"

배성범   "충분히 내부적인 검토를 거쳐서 결정을
         했습니다."

김종민   "최종 결정의 책임자는 누구였습니까?"

배성범   "어느 한 사람이 결정을 했다기보다는…"

김종민 　　　 "그럼 회의는 집단 지도 체계예요? 검찰이?"

배성범 　　　 "논의를 거쳐서 결정이 된 것입니다."

ⒸKBS

〈2019년 10월 17일 법제사법위원회 국정감사〉

백혜련
더불어
민주당 의원

"조국 장관에 대한 수사 자체는 처음에 총장님이
지시를 내리셨습니까?"

윤석열
검찰총장

"이런 종류 사건은 제 승인과 결심 없이는 할 수가
없지요. 그러나 뭐 논의가 어떻게 시작이 됐는지
그 과정이 어땠는지는 저희가 말씀드리기는 좀
어렵습니다."

©KBS

박상기

전 법무부
장관

"검찰총장한테 전화를 하고 외부에서 만났습니다.
본인은 절차대로 했다고 이야기하는데
법무부장관 임명을 철회하지 않으면 이 문제는
확산될 수밖에 없고 그렇게 되면 정국이
힘들어진다고 했습니다.
그 이유는 별거 없었어요. 사모펀드에 투자한
것을 가장 큰 이유로 들었습니다."

강기정

전 대통령
비서실
정무수석

"사모펀드에 의한 범죄행위로 치고 들어올지는
전혀 몰랐지요. 그것도 윤석열 총장이 치고
들어올지는 짐작도 못 했습니다. 그러니까 윤석열
총장 쪽에서 오는 얘기는 조국 일가는 사모펀드의
범죄 행위자라는 것이었어요. 그때쯤에 윤석열
총장은 사모펀드 이야기를 계속했거든요. 청와대
민정수석실을 통해 저희 수석들한테 보고한
내용은 조국 장관이 사모펀드에 결정적으로
관련이 되어 있다는 거였습니다."

박상기

"당시 조국 장관 후보자가 임명돼서는 안 된다는
것이 검찰의 가장 큰 목표였습니다. 그들은
지금이라도 대통령이 임명 철회를 하시면
별문제가 없을 것이라고 했습니다."

〈2019년 8월 28일 종로 적선현대빌딩〉

조국   "인사청문회를 앞두고 검찰 수사가 개시되어서
         좀 당황스럽습니다. 그렇지만 저희 가족들은
         검찰 수사에 성실히 응할 것입니다.
         향후에 형사절차를 통해서 분명하게
         밝혀지리라고 기대하고 있습니다. 저는 담담히
         인사청문회 준비에 임하도록 하겠습니다. 청문회
         기회를 주신다면 이러한 저의 부족함과 한계도
         솔직히 말씀드리면서 질책을 받고 저의 생각과
         소신도 설명드리고 싶습니다. 만약 국회 청문회가
         무산된다면 여러 방법으로 직접 설명드릴 기회를
         찾겠다는 말씀도 아울러 드립니다.
         저는 현재 깊이 반성하는 마음가짐으로
         국회 청문회를 준비하고 있습니다. 많이
         고통스럽습니다. 그렇지만 변명하거나 위로를
         구하려 들지는 않겠습니다.
         저의 안이함과 불철저함으로 인하여 국민들의
         마음에 상처를 준 대가라고 생각합니다. 권력기관
         개혁에는 목소리를 높였지만 그에 따른 교육 혜택
         등 우리 사회가 해결해야 할 다른 중요 문제는
         간과했습니다."

〈2019년 8월 28일 자유한국당 의원총회〉

나경원　　　"피의자인 후보자를 인사청문회에 올린 적이
　　　　　　없었습니다."

조국   "당시에 제가 너무 많은 공격을 당하고
터무니없는 소문이 많아서 저로선 해명을
해야 했습니다. 그런데 청문회 자체를 야당이
보이콧해버립니다. 청문회 자체가 일어나질
않아요. 그러면 저로서는 제가 할 수 있는 말이
하나도 없지 않습니까.
기자들이 수많은 얘기를 했으니까 저도 할 말이
있겠다 해서 그럼 기자들과 직접 만나겠다고
얘기했습니다."

〈2019년 9월 2일 법무부장관 후보자 기자간담회〉

사회자 "안녕하십니까. 2019년 9월 2일, 조국 법무부장관
후보자 기자간담회를 시작하겠습니다."

조국 "오늘 불가피하게 언론이 묻는 기자간담회를
통해 국민께 판단을 구하게 되었습니다.
시간 제한 없습니다. 질문 주제도 제한
없습니다. 감사합니다."

최상미 "후보자님 안녕하십니까.『일요시사』최상미
『일요시사』 기자입니다. 제가 알기로는 후보자님은 평소
기자 폴리페서에 굉장히 비판적인 목소리를 내신
걸로 알고 있습니다. 그래서 현재 서울대에서도
계속 이와 관련해서 집회가 열리고 있는데 이미
제자분들의 신뢰는 많이 잃은 것 같습니다.
제자분들에게는 어떤 심정이신지 알고 싶습니다."

조국 "저는 서울대학교를 포함해 여러 대학에서 저에
대한 비판이 나온다는 걸 너무 잘 알고 있습니다.
저나 제 가족에 대해서 가지고 있는 오해를
이번 기회에 풀고자 나온 것입니다. 저는 그

오해에도 불구하고 학생분들이나 국민들이 저에
대해서 제기하는 비판과 질책을 달게 받아야
한다고 생각합니다. 그런데 오늘 이 자리는
그걸 부인하는 것이 아니라 실제 사실이 무엇인지
국민 여러분께 알리고 싶다는 것입니다."

박정환

CBS
기자

"사모펀드 논란이 계속 심화되고 있는데 일단
코링크프라이빗에 투자하게 된 경위… 그냥
부인에게 그 투자를 맡긴 것인지 그 부분이
궁금합니다."

조국

"제가 민정수석이 되고 난 뒤에 개별 주식을 갖지
못한다라는 걸 얘기 듣고 이 돈을 어떻게
할 것인지 고민한 끝에 자연스럽게 집안의
5촌 조카가 그 문제의 전문가고 또 그쪽 활동을
하고 있다고 해서 물어보았더니 자기와
아주 친한 사람이 이걸 운용하고 있다고
소개해줬습니다."

김경록

정경심
자산관리인
(전 한국투자
증권 PB)

"조범동이라는 사람이 정경심 교수에게 '지금 고위
공직자가 되셔서 직접투자는 힘드실 테니 우리가
돈 많이 벌고 잘 아니까 저한테 맡겨주세요'라고
얘기한 것 같아요. 그러면서 정경심 교수가 그걸
저한테 크로스체크를 부탁한 거예요.
청와대에서도 모든 사모펀드에 대해서 허락을
해주는 건 아니었어요. 적대적 M&A를 목적으로
하지 않는 그런 펀드면 다 괜찮다고 하더라고요.
그런 펀드인지 아닌지를 저는 조범동한테 체크한
거지요. 그랬더니 그런 펀드가 아니라고 저한테
제안서를 보내왔는데요. 코링크에 대해 알아보니
이상한 부분도 있었지만, 제가 관리하던 돈이
빠져나가는 문제라 이익 상충이 되는 입장이라
적극적으로 말리기가 어려웠고, 게다가 상대가
친척이라 더 그랬죠. 그래서 정 교수님께
주의사항을 알려드리면서 투자하셔도 된다고
말씀드린 거였습니다."

조국   "제가 2017년 5월에 민정수석이 되고 난 뒤에
        이러이러한 펀드에 들어 있음을 공개했고
        그 시기에 여러분들이 확인해보시면 저희가
        신고했던 신고 내역이 다 들어 있습니다. 저희가
        그걸 불법이라고 생각했다면 신고했을 리가
        없을 것입니다."

부애리   "현직 민정수석 시절에 관급 투자를 하신 것에
『아시아경제』 대해서는 적절하다고 보시는지 여쭙고 싶습니다."
기자

조국   "관급공사에 대해서 일절 개입한 적이 없습니다.
        제가 개입했다면 관급공사 직원들이나
        압수수색을 통해서 또는 통신영장을 통해서
        확인이 될 것입니다."

김정은
KBS 기자

"그 당시에 펼쳐지는 수사나 그 후에 나온
기사의 양으로 보면 그날 굉장히 밀도 높은 그런
기자간담회가 돼야 맞았어요. 그런데 실제로
기자간담회를 여니까 기자들이 전혀 조국 장관을
압박하지 못했거든요. 오히려 기자들의 질문이
수준 떨어지고 반복됐지요. 기자들이 제대로 알고
있는 게 없다는 걸 알았습니다."

박기호
『뉴스1』
기자

"그 사모펀드 관련해서 투자한 약정금액이 왜 재산신고액보다 많은가요?"

이현주
『한국일보』
기자

"약정금액이 왜 75억 원에 달하느냐에 대해서 좀 의구심이 계속되는 부분이 있습니다."

서영지
『한겨레』
기자

"사모펀드와 관련해 가지고 애초에 그러면 왜 75억 약정서에 서명을 하게 된 것입니까?"

조국   "제가 어떤 답변을 하든 의미가 없다는 생각이
들었어요. A라는 질문이 나와서 그것에 대해서
답을 했어요. 그러면 또 한 시간 뒤에 똑같은
질문을 또 해요, 다른 사람이. 그래서 같은
주제에 대해서 적어도 한 네 번 다섯 번은 질문을
계속해요."

최훈민
『일요신문』
기자

"공직자는 거짓말을 하면 안 됩니다. 그렇죠?"

조국

"네."

최훈민

"오늘 간담회에서 말씀하신 부분이 만약 나중에 거짓으로 드러날 경우에 모든 공직을 내려놓을 의향이 있으신가요?"

조국

"제가 의도적으로 거짓말을 했다면 그에 대해서 일정한 책임을 져야 한다고 생각합니다."

최훈민

"알겠습니다. 후보자님께서는 언론탄압이라는 게 어떤 것입니까."

조국

"언론탄압이라 하면 정부에 비판하는 논조의 글을 쓰게 될 경우 그 언론사 또는 그 기자에게 여러 가지 불이익을 정부가 주는 것이겠지요."

최훈민

"기자 그리고 편집부 포함 언론사 관계자에게 보도 전에 왜 이런 취재를 하냐고 한 번이라도 민정수석 시절에 전화를 건 적이 있으십니까."

조국	"무슨 말씀인지 모르겠습니다."

최훈민	"기자에게 전화를 걸어서 이러이러한 취재를 왜 하느냐고 민정수석 시절에 질문한 적이 있으십니까?"

사회자	"잠깐만요. 질문을 지금 하나하나 일문일답하는 게 아니라…"

최훈민	"두세 가지만 하겠습니다."

사회자	"던져주고 나중에 답변을 일괄적으로…"

최훈민	"아닙니다. 제가 질문하고 답 받겠습니다."

김형원
『조선일보』
기자
"사모펀드 문젠데 코링크라는 게 사모펀드 운용사고 배우자분이 차명투자했다는 의혹이 있고요. 그다음에 블루 펀드. 그리고 블루 펀드가 인수한 웰스씨엔티라는 회사. 이 세 군데가 서울시 지하철 공공와이파이 사업에 투자를 하거나 직·간접적으로 개입되어 있는데 앞으로 법무부장관이 되시면 고위공직자 친인척들이

이런 방식으로 관급사업에 개입하는 것은
권장해야 마땅한 건지 아니면 처벌해야 마땅한
건지 아니면 그냥 내버려둬도 문제없다고
생각하시는지 궁금합니다.”

조국   “관급공사에 고위공직자의 친인척이 개입하는
것을 누가 무방하다고 생각하겠습니까. 지금
기자님의 질문은 제가 그 사모펀드를 통해서
서울시 와이파이 관급공사에 개입했다는
전제하에서 또는 가정하에서 질문하시는 것
같습니다. 전혀 아닙니다. 고위공직자가 자신이나
친인척을 통해서 관급공사에 개입하게 되면
제재를 받아야 합니다.”

사회자   “긴 시간이었습니다. 그러면 이것으로 조국
법무부장관 후보자 기자간담회를 마치도록
하겠습니다. 대단히 감사합니다.”

조국   "기자들과의 간담회였는데 저는 검찰 조사를 받는
느낌이었어요. 기자들이 검사구나. 한 100명이
앉아 있고 100명이 각자 계속 저에 대해서
검사로서 질문을 하는구나. 그럼 제가 답변을
해도 답이 맞으면 '아, 그렇군요'라고 끝나는 게
아니라 또 질문하고 또 질문하고 또 질문하고…"

조성식   "선민 의식과 단죄 의식이라는 게 있어요. 웬만한
전『신동아』 고위공직자나 정치인을 사실 우습게 알지요.
기자   언제든지 우리한테 한번 걸리면 한 방에 간다는
겁니다."

조국   "11시간 12시간을 쭉 앉아 있었는데 마지막에는
기자들이 좀 지쳤던 것 같더라고요. 저로서 할
얘기는 다 했던 것 같아요."

장경욱
동양대학교
교양학부
교수

"저는 학교에 가면 제 연구실에 블라인드를 다
내려놓은 채 누구와도 만나지 않아요. 지금 2년
넘게 그렇게 살고 있어요. 집에도 안 들어가요.
가족들에게 위험할까봐요. 원룸 따로 얻어서 그
원룸과 연구실만 유령처럼 왔다 갔다 해요.
그냥 견디기로 했어요, 저는…
좀 끝까지 알아보고 싶었어요. 증거가 어디까지가
진실이고 정 교수가 어디까지가 진실을 말하고
있는지를요.
재판에 제가 직접 들어가서 보면 변호인이 설명을
못하는 부분이 있으니 내가 증거를 추가로
찾아봐야겠다는 생각을 해서 2년, 3년째 재판을
보고 증거를 확인해오고 있어요. 그런데 사람들은
이미 제멋대로 낙인을 찍고는 이 사건을 망각의
터널 속에 넣고 떠난다는 게 너무 끔찍한 거예요."

장경욱 교수는 동양대의 각종 인문학 프로그램을 기획했다.
정경심 교수의 혐의와 관련된 프로그램도 장경욱 교수가 총괄
기획했다. 장경욱 교수는 그 당시 동양대 교양학부장이어서
강사휴게실 PC 관리에 대해서 설명할 수 있는 동료이기 때문에
3년째 증인으로 출석하고 있다.

〈2019년 9월 3일〉

KBS
앵커

"조국 법무부장관 후보자의 딸이 어머니가
재직 중인 대학교의 총장상을 받은 것으로 KBS
취재 결과 확인됐습니다. 검찰은 이에 따라 조
후보자의 부인 동양대 정경심 교수의 사무실과
동양대학교 총무팀을 전격 압수수색했습니다."

KBS
기자

"KBS 취재 결과 조 씨에게 총장상을 준 대학은
조 씨의 어머니 정경심 씨가 교수로 있는
대학입니다. 검찰은 이 수상에 정 교수가
개입했다고 보고 오늘 동양대학교에 대해
전격 압수수색을 벌였습니다."

장경욱   "9월 3일에는 '표창장 압수수색' 기사만 보고 그게
        위조 의혹으로 터질 줄은 저도, 정경심 교수도
        몰랐습니다. 그때 저와 정 교수는 전혀 다른 옛날
        프로그램에 대해 서로 기억을 맞춰보고 있었죠.
        그런데 바로 다음 날, 새벽 다섯 시에 '최성해
        총장이 준 적 없다'라는 『중앙일보』 기사가
        올라왔습니다."

        "최성해 동양대 총장은 『중앙일보』와의 통화에서 '나는 이런
        표창장을 결재한 적도 없고 준 적도 없다'고 밝혔다."
        —2019년 9월 4일 『중앙일보』

장경욱   "저는 정경심 교수님한테 이런 기사가 났는데
확인해보시라고 했어요. 그 말을 듣고 정 교수님이
총장님께 '이 기사가 실제 총장님이 인터뷰해서
나간 기사가 맞는지'를 물어요. 잠시 후 정경심
교수가 저에게 '총장님은 『중앙일보』하고
인터뷰한 적이 없답니다'라는 문자를 보내왔어요.
정 교수는 최 총장에게 총장님이 인터뷰하지 않은
기사가 났으니 반박 보도를 해달라고 요청을 해요.
최성해 총장이 어떤 내용으로 보도자료를 쓰면
되냐고 묻자 정 교수는 '해당 기사는 인터뷰하지
않은 오보다'라는 내용을 포함해서 네 가지 내용을
부탁했어요. 그 내용 중에 표창장 발급은 위임되어
있던 사항이라는 내용도 들어 있었던 거고요.
그러자 최 총장이 '그럼 내가 주변에 자문을
구해보고 할게'라고 대답하고는 전화를 끊었는데
두어 시간 후 『조선일보』에 또 다른 충격적인
기사가 나지요. '조국 부인이 동양대 총장에게
표창장을 정상 발급한 것으로 해달라고 압력
전화를 넣었다'는 기사였어요."

"조국 법무부장관 후보자 아내 정경심(57) 동양대 교수가 4일 최성해 동양대 총장에게 전화를 걸어 '(2012년 9월) 딸이 받은 동양대 표창장이 정상 발급된 것으로 해명 보도자료를 내달라'고 요구한 사실이 드러나면서 파문이 확산되고 있다.

'(동양대 표창장 발급) 대장에는 없지만 어학원에서 했을지도 모르겠다고 (보도자료를 내달라)'고 했다."

—2019년 9월 5일 『조선일보』

최성해 동양대학교 총장	"정경심 교수가 위임을 자기가 받았다는 그것만 이야기해주면 되겠다는 이야기입니다. 저한테 기억이 안 나느냐 물어보고 그런 거 없다니까 확실히 받았다고 이야기해주셨으면 좋겠다고…"

*"검찰, 동양대 최성해 총장 소환… 조국 부인 '총장상 위조'
의혹"*
　　—2019년 9월 4일 KBS 뉴스

최성해　　"그런 상을 줬다면 분명히 기억을 하지요.
　　　　　상장을 만들겠다고 의뢰가 오면 일련번호를
　　　　　가르쳐줍니다. 그럼 만들어서 일련번호 기재하고
　　　　　맞는지 확인하고 직인을 찍어요. 일련번호가
　　　　　다르면 직인이 찍힐 수가 없는데 왜 찍혔냐…
　　　　　내 결재받은 서류도 없고 증거도 하나도
　　　　　없습니다. 그럼 그게 무효가 되는 거예요."

기자　　　"총장님 명의로 그런 상장이 발부될 수 있을까요?
　　　　　총장님 모르게?"

최성해　　"제가 모르게 발부될 수 없는 게 직인을 찍어야
　　　　　되지 않습니까."

장경욱 　"표창장 문제는 9월 4일 최성해 총장의 그 주장이

　　　　제일 중요했습니다.

　　　　'준 적이 없다거나

　　　　일련번호가 어떻다거나

　　　　대장에 없다거나' 이런 내용인데

　　　　좀 이해가 안 되는 상황이었습니다. 총장이 저걸

　　　　다 기억한다는 게 말입니다."

오병현 　"졸업 시즌이 되면 학생들이 취업하기 위해

전 동양 　이력서 뒷면에 첨부하려고 장학 증서 같은 것을
대학교
행정직원 　많이 발행해갑니다. 제가 많게는 하루에 직인을

　　　　500장, 600장까지 찍어봤어요. 그때도 누구 하나

　　　　제지하는 사람이 없었거든요.

　　　　누구한테 총장상이 몇 장 나가는지, 총 포상

　　　　대상자가 몇 명인지 모르는 거지요. 알 필요성은

　　　　없지요. 사실 그분은."

이슬이 　"총장님이 학교에서 상장이랑 수료증 나가는 발급

전 동양 　업무를 전혀 모르시는 것 같은데 왜 저런 말씀을
대학교 조교
　　　　자꾸 하시지? 학교에서 얘기를 안 해줬나 이런

　　　　생각도 했어요."

조국　　　"인사청문회 가면서 가족들에게 얘기했어요.
　　　　　'티비에 나와서 이렇게 공방을 하는 것은 마무리
　　　　　수순이다. 임명되든 안 되든 간에 마무리될
　　　　　거다'라고요. 가족들도 '잘하고 오시라'고
　　　　　용기를 줬어요.
　　　　　자료는 준비해서 한 번은 훑어보았습니다.
　　　　　그런데 격렬한 비판이 쏟아졌고 언성도 높아지고
　　　　　시간도 촉박하고 공격이 세게 들어왔기 때문에
　　　　　그 순간 자료를 펼쳐보고 할 상황이 되지
　　　　　않았습니다. 한 번 읽어봤지만, 그냥 마음 비우고
　　　　　들어가서 그 순간 제가 알고 있는 대로 또 제가
　　　　　느낀 대로 반응할 수밖에 없다고 생각하고
　　　　　들어갔습니다."

〈2019년 9월 6일 법무부장관 후보자 인사청문회〉

KBS
기자

"조국 법무부장관 후보자가 의혹을 제기했던
주광덕 의원과 인사를 나누고 있고요. 차례차례
인사를 나누고 있습니다. 야당 쪽 의원들과
인사를 나누고 있는 모습을 볼 수 있고요. 김도읍
간사와도 인사를 나누었습니다."

여상규 법사위 위원장	"법무부장관 후보자 조국 인사청문회를 상정합니다.
장제원 자유한국당 의원	"후보자님."
조국	"네."
장제원	"조국의 위선의 끝은 어디인지 같이 감상해 보시겠습니다. 틀어주십시오."
조국 자료 음성	"제가 5촌 조카와 전화를 해서 무슨 내용을 말했는지를 아마 묻게 되실 겁니다. 저는 일절 연락을 하지 않을 것입니다."
장제원	"5촌 조카하고 통화하면 의심을 받고 의혹을 살 수밖에 없다는 것을 잘 알고 있는 분이… 동양대 총장과 직접 통화를 합니까?"
조국	"답변 드리…"
장제원	"하십시오."

조국　　　　　"그거는 보도를 보았습니다. 제 처가 이…"

장제원　　　"통화를 했습니까? 안 했습니까?"

조국　　　　　"제 처가 통화…"

장제원　　　"후보자와 통화를 했습니까? 안 했습니까?"

조국　　　　　"제 처의 통화 끝에 받아서…"

장제원　　　"하지 않았습니까? 그죠? 5촌 조카와 통화하면
　　　　　　　우리 국민적 의혹이 있을 수밖에 없다고
　　　　　　　기자회견에서 말씀하지 않았습니까. 그럼에도
　　　　　　　불구하고 동양대 총장과 통화를 하면서 지금
　　　　　　　다시 말을 한다고 해도 우리 쪽도 총장님 쪽도
　　　　　　　법적으로 전혀 문제가 없다?"

조국　　　　　"그렇게 말씀드리지 않았습니다."

장제원　　　"법률 팀에 확인하겠다?"

조국　　　　　"그렇게 말씀하지 않았습니다."

장제원	"제가 듣기로 동양대 총장께서 파일을 갖고 있다고 합니다. 녹음. 검찰에서 이 문제는요. 앞에서는 의혹이 생기기 때문에 해당자와 통화를 못한다 그러고 뒷구멍으로는 그 의심이 있는 사람과 통화를 하고 있습니다. 위증 교사 증거인멸."
김진태 자유한국당 의원	"부부가 바꿔서 통화했는데 '총장님 그렇게 해주면 안 되겠냐. 그래야 총장님도 살고 정 교수도 삽니다.' 이렇게 말한 적 있죠?"
조국	"그렇게 말씀드린 적 없습니다."
김진태	"아 이제 또 없어요. 총장님이 그렇게 얘기를 하는데요."
조국	"저는 '물의를 일으켜 송구합니다. 지금 제 처가 많이 억울해하고 제 처는 위임받았다고 하는데 좀 조사를 해주십시오.' 이렇게 부탁을 드렸습니다."
김진태	"'그래야 총장님도 살고 우리 정 교수도 산다' 이렇게 말한 적이 없다고 하는데 거기에 대해서

총장님은 정확하게 이야기를 하고 있습니다.
이거는 그래야 총장도 살고 정 교수도 산다.
그렇게 얘기를 안 해주면 정 교수도 죽고
총장도 죽는다는 뜻입니다. 이게 바로 묵시적인
협박이에요. 강요죄가 되는 거예요. 저는 오늘
후보자를 강요죄로 고발할 겁니다."

조국   "모욕과 모욕의 연속이었던 것 같습니다. 제가

해명할 수 있는 시간이 많이 주어지지 않기

때문에 계속 저를 감정적으로 격발한다는

느낌이었습니다.

야당에서 법무부장관 후보를 반드시

낙마시키겠다는 그 어떤 일종의 살기가

느껴졌습니다.

잘 마치고 가야겠다는 생각을 했습니다."

장제원   "아버지는 위선. 어머니는 청탁과 반칙의 제조기.
          딸은 거짓말."

김진태   "이렇게 국회를 모욕하는 도대체 이런 말도 안
          되는 짓을 하는데 이걸 도대체…!"

조국 　"제가 여기서 흥분하면 진다고 생각하고 저를
　　　감정적으로 자극할 때 제가 심호흡을 속으로 하고
　　　차분하게 답을 하자고 마음먹었습니다."

김도읍 자유한국당 의원	"그런데 10시 54분에 『조선일보』에 '표창장이 위조됐다'라는 기사가 나가요. 11시경에 바로 또 후보자의 부인이 총장에게 문자 발송을 합니다."
조국	"그건 제가 잘 모르겠습니다."
김도읍	"그리고 16시경에 전격적으로 최성해 총장이 검찰에 소환됩니다. 정경심 교수의 문자를 보시죠. '그대로 대응해주실 것을 부탁드렸는데 어떻게 기사가 이렇게 나갈 수가 있을지요?' 그러면서 『조선일보』 기사를 링크하고 그다음 문자에 이렇게 나옵니다. 항의하는 문자가 또 나옵니다. 자 제가 드리고 싶은 말씀은…"
조국	"그 문자도 보시면 '실제 학교에서 많은 일을 부서장 전결로 처리하고 있는 것이 아닙니까'라고 항변하고 있습니다."
김도읍	"그러니까 후보자님 항변하고 있는데…"

주광덕
자유한국당
의원

"저는 후보자님 딸의 동양대학교에서의 총장
표창장이 위조됐다는 것은 거의 확실하다고
생각을 합니다. 동양대 총장이 어제 언론과의
인터뷰에서 '표창장 그 자체가 완전히
가짜다'라고 했습니다."

이은재
자유한국당
의원

"우선 우리 조 후보를 보면서… 저는 참 대단한
가족이다 이렇게 생각이 듭니다. 후보자의
배우자는 동양대 총장 상장이라는 사문서를
위조해서 의전원 입시에 활용하고…"

조국 "일단 제가 민정수석비서관으로 일하면서 검찰
그리고 야당과 각을 매우 많이 세웠습니다.
검찰이 원하지 않는 검찰개혁을 밀어붙였던
것이고 또 검찰개혁에 반대하는 야당에 대해서
제가 많이 공격했거든요. 저에 대해서 적개심을
갖고 있었을 거라고 생각합니다. 당시에 제가
신뢰하는 정치부 기자들이 저한테 알려줬던 건데
당시 야당은 저를 단순히 장관 한 명으로 보지
않고 반드시 견제해야 될 정치인 후보로 생각했던
것 같습니다. 그 싹을 자르자는 것이었지요."

김도읍   "후보자 아들은 작년에 연세대 정외과 대학원에
입학했습니까?"

조국   "네, 맞습니다."

김도읍   "그러면 시험은…
혹여 출석하려는 증인이…"

여상규   "보충질의에서 나온 의문점들 이런 것들이 정리가
덜 된 것 같습니다."

조국   "처가 너무 흥분을 한 상태라서 제가 진정하라고
그러면서 …"

여상규   "네, 그렇게 길게 설명할 필요 없습니다. 취지는
이미 나왔어요. 뭘 그렇게 미주알고주알합니까."

장제원   "참 가지가지로 한다."

주광덕   "제가 질문하면 답변하세요."

조국   "속성을 쓰게 될 때…"

주광덕	"네, 알겠어요. 네네."
김진태	"좀 들어보세요. 들어보세요. 포렌식으로 저게 나온 거예요."
송기헌 더불어 민주당 의원	"검찰 포렌식에서 나왔다. 아까 그걸 보고 깜짝 놀랐습니다. 수사하는 과정에서 막 나와요. 수사했던 사람이 아니면 아직 알 수 없는데 말이에요."
주광덕	"이것이 후보자 딸의 생활기록부로 고려대학교 수시 입학시험 때 제출했던 자료입니다."
김종민 더불어 민주당 의원	"주광덕 의원께서 생활기록부를 공개했어요. 이거 엄청난 범죄 행위입니다. 이 유출 자체가 범죄예요. 그런 범죄의 증거를 가지고 진실을 밝히고 사실을 규명한다는 게… 전 세계 재판에서 그거를 인정 안 합니다. 왜 우리 인사청문에서 그걸 인정해야 합니까. 유죄를 예단하고 단죄하는 그런 질의 앞에서 어떻게 사실이 밝혀지겠어요."

김정은	"저는 그날 장관 청문회를 하루 종일 취재했는데
KBS 기자	가장 이상했던 점은 오후로 넘어가면서부터 야당
	쪽에서 검찰이 기소할 거라는 것을 미리 알고
	있는 듯한 뉘앙스를 계속 내비쳤거든요.
	오늘 장관 인사청문회가 끝나기 전에 정경심
	교수가 기소될 수도 있다는 사실을 어떻게 야당
	의원들이 미리 알았는지 궁금했습니다."

장제원   "이게 청문회가 필요한지 싶어요. 만약에
          부인이 기소된다면 법무부장관을 수행할
          수 있겠습니까?"

주광덕   "배우자를 소환해서 조사하지 않더라도 위조행위
          공소시효 만료가 오늘 밤 12시이기 때문에 검찰은
          기소할 가능성이 저는 매우 높다고 봅니다."

여상규   "처와 자녀 등 온 가족이 검찰 수사를 받고 있단
          말이에요. 앞으로 구속될지도 몰라요. 이 가정이
          무너지고 있습니다. 근데 장관이 무슨 의미가
          있죠?
          처가 기소되고 본인이 수사를 받는 이런
          법무부장관이 과연 되겠습니까? 상식적으로
          생각합시다."

조국   "저는 처가 기소될지 불기소될지 알 수가
          없습니다."

여상규   "이게 아니라고…"

조국   "어떤 경우든 저는 임명권자의 뜻에 따라서

움직이겠습니다. 제가 가벼이 마음대로 할 수
있는 사안은 아니라고 생각합니다."

이철희
더불어
민주당 의원

"시간이 12시가 다 되어서… 오랫동안
고생하셨는데요. 12시가 되면 저는 자동
산회된다고 알고 있습니다. 마지막으로 제가 시간
드릴 테니까 소회를 한 말씀 하시지요. 1분이니까
쓰셔도 됩니다."

조국

"정말 부족하고 흠결이 많은데 비판해주신
분들, 질책해주신 분들께도 감사드리고 또
저를 지지해주시고 성원해주신 분들께도
감사드립니다. 제가 지금까지의 삶에서 이 정도의
경험을 해본 것은 처음이었던 것 같습니다. 과거
짧게 감옥 갔다 온 적이 있습니다만 그에 비교할
수 없는 정도의 시련이었습니다. 개인적으로 제가
선택할 수 있는 문제가 아니어서 여기까지 왔고
이 자리에 있습니다. 그 무게를 느끼면서
살아가도록 하겠습니다. 감사합니다."

여상규

"산회를 선포합니다."

〈2019년 9월 7일〉

KBS
앵커

"방금 들어온 소식입니다. 조국 법무부장관 후보자의 배우자인 정경심 씨가 사문서 위조 혐의로 조금 전에 재판에 넘겨졌습니다."

조국

"피의자 소환 없이 기소가 이루어진 점에서는 저로서는 조금 아쉬운 마음이 있습니다."

KBS
앵커

"검찰이 청문회 당일 조 후보자의 부인을 전격 기소한 데 대한 논란도 거셉니다. 조사도 하지 않고 기소해 조 후보자 측의 방어권이 침해됐다는 지적과 함께 피의사실 유포 논란까지 제기되고 있습니다."

"피고인은 딸인 조민이 인턴 경험 및 상훈 등 외부활동
등을 주요 평가 요소로 보는 특별전형을 통하여 국내외 유명
대학원 등에 진학하는 데 도움을 주기 위해 자신이 근무하는
동양대학교 총장 명의의 표창장을 임의로 만들어주기로 했다.
　임의로 기재한 표창장 문안을 만들어 최성해의 이름 옆에
동양대학교 총장의 직인을 임의로 날인했다. 이로써 피고인은
사실증명에 관한 사문서인 동양대학교 총장 명의의 표창장 한
장을 위조했다."
　—서울중앙지방검찰청 공소장

이연주	"일단은 피의자 신문 소환을 1회도 안 했고 문서
변호사	위조의 방법에는 여러 가지가 있지 않습니까.
	컴퓨터에 쳐서 출력을 했는지 아니면 누구 것을
	가져와서 이름을 지웠는지 이거 다 특정되지
	않는다면 기소하기 어렵거든요. '아, 이 사람들은
	이 집안을 죽이기로 마음먹었구나'라고
	생각했습니다."
오원근	"우리나라에서 기소된 범죄의 무죄율이 10%가
변호사	안 되잖아요. 그럼 범죄자의 낙인이 거의
	찍히는 거거든요. 기소하기 전 당연히 그 범죄
	사실에 대해서 당사자한테 변명할 기회를
	줘야 하는 거지요. 저도 검사를 10년 했지만,
	피의자에 대해서 조사 없이 기소한 적은 한 번도
	없었습니다. 한 번도."

〈2019년 10월 17일 법제사법위원회 국정감사〉

박지원   "과잉기소 아니에요?"

민주평화당
의원

윤석열   "조금 지나면 다 모든 게 공개될 사안이니까…"

검찰총장

박지원   "공개되더라도 지금 현재 법무부를 통해서
                저희들이 받은 공소장에는 그렇게 돼 있지
                않습니까."

윤석열   "그게 과잉인지 아닌지를 저희가 설명하려고 하면
                수사 내용을 말씀드려야 되는데 수사 상황은 지금
                말씀드릴 수 없지요."

박지원   "공소장 내용대로 하면 '아니다' 이겁니다."

윤석열   "나중에 보시면 저희가 어떻게 처리했는지
                어떻게 수사를 했는지 다 드러날 테니 조금
                기다려주시지요. 지금은 수사 중이니까…"

조국   "저는 기소할 거라고 생각을 못 했어요. 전혀.
그건 대통령 인사권을 정면으로 침해하는
일이거든요. 국회에서 충분히 논의하고 대통령도
고민하게 만들어주는 게 아니라 급하게 기소를 한
거지요. 그것은 검찰로서는 조국이란 사람을 절대
상사로 모실 수 없다는 결연한 의지를 표시한
거라고 생각해요.
배우자가 기소된 상태, 즉 재판을 받아야 하는
상태라 그러면 장관으로서의 모든 업무가
의심을 받게 되어 있어요. 피고인의 남편이
법무부장관이란 게 말이 되느냐는 것이지요.
그 논리가 상당히 강력하거든요.
'내가 그만두어야 하는 상황인 거 아닌가'라는
생각을 당연히 했지요. '이거 어떻게 하지? 지금
내가 빠져야 하는 거 아닌가. 대통령에게 부담
주는 거 아닌가'라는 생각을 끊임없이 했습니다."

최강욱

전 대통령
비서실
공직기강
비서관

"청문회를 거친 이후, 실제로 임명을 해야 하느냐
하는 단계에서 당에서는 정무적 부담이나
이런 것들을 얘기하는 사람들이 굉장히 많이
늘어났습니다."

강기정

전 대통령
비서실
정무수석

"당시에 매우 정무적 판단을 요했던 지점이고
이 정무적 판단을 흐리게 만들었던 것도 윤석열
총장의 인사권 개입이었습니다."

최강욱

"조국을 법무부장관으로 임명하기 전 주말에
총장 본인이 직접 전화를 걸어와서 '이렇게까지
내가 했는데도 임명을 한다면 내가 사표를 내고
그만두겠다'고 거의 호통치다시피 민정수석한테
말씀해서… 그 보고를 받은 대통령님은 그런
상황에 대해 어이없어하시면서 '사표를 내겠다고
하면 바로 수리하시라. 조국 장관은 반드시
임명해야 되겠다'고 말씀하셨습니다."

〈2019년 9월 9일〉

KBS
앵커
"문재인 대통령이 오늘 오전에 조국 법무부장관
후보자를 임명했습니다. 후보자 지명 한 달
만입니다."

KBS
기자
"조국 법무부장관은 오늘 오전 0시부터 임기가
시작됐고 잠시 뒤인 오후 두 시엔 임명장을
수여받게 됩니다."

제작진   "그때 분위기 어땠는지 기억나세요?"

강기정   "모두가 사실은 무거웠지요. 장관 임명장은
         받았지만 장관직을 오래 수행할 거라고는
         생각하지 않으면서 임명장을 받은 거지요. 그렇기
         때문에 박수를 많이 받고 축하하는 분위기가
         아니었습니다."

조국   "임명장을 받으러 가는데 정말 마음이
         무겁더라고요. 이런 논란 상황에서 대통령께서
         임명을 선택하신 거지요. 왜 선택을 했을까.
         너무 마음이 괴로웠어요. 그래서 그때 대통령님의
         눈을 제가 못 마주치겠더라고요."

〈2019년 9월 9일 청와대〉

문재인
대통령

"인사청문회까지 마쳐 절차적 요건을 모두
갖춘 상태에서 본인이 책임져야 할 명백한
위법행위가 확인되지 않았는데도 의혹만으로
임명하지 않는다면 나쁜 선례가 될 것입니다.
저는 저를 보좌하여 저와 함께 권력기관 개혁을
위해 매진했고 성과를 보여준 조국 장관에게 그
마무리를 맡기고자 한다는 발탁 이유를 분명하게
밝힌 바 있습니다. 그 의지가 좌초되어서는 안
된다고 생각합니다."

사회자

"다 함께 환담장으로 이동해주시면
감사하겠습니다."

조국   "임명장을 받고 난 뒤에 대통령께서 집무실로
        잠시 오라고 하셔서 갔어요. 차 한잔을 마시면서
        제가 대통령님께 말씀드렸어요. 임명장 받는
        날에. '대통령님, 제가 아무리 봐도 오래 못
        갈 것 같습니다. 야당의 상황이나 여론 등을
        종합해보았을 때 그걸 감안하시면서 뒤의 준비도
        생각하셔야 될 것 같습니다'라고 말씀드리고
        나왔습니다."

〈2019년 9월 11일〉

KBS
앵커

"조국 법무부장관이 어제 공식 업무를
시작했습니다. 첫 업무 지시는 검찰개혁과 관련된
것이었습니다.
조국 법무부장관의 첫 지시는 검찰개혁추진단을
구성해 운영하라는 것이었습니다. 취임 직후
곧바로 연 간부회의에서 지시했습니다.
어제 협의 자리에서 검찰 인사에 대한 법무부장관
제청권 실질화와 법무부 감찰관의 검찰청 감사
확대 등도 제안한 것으로 알려졌습니다."

조국　　　　"저한테 시간이 얼마나 있는지 모르는
　　　　　　상황이었습니다. 법률 개정 문제는 제가 할
　　　　　　수 없었습니다. 왜냐하면 국회를 통과해야
　　　　　　되는데 국회는 전쟁 상황이 될 거니까요. 법률
　　　　　　개정 필요 없이 법무부장관의 재량범위 안에서
　　　　　　법무부장관령 또는 훈령으로 바꿀 수 있는
　　　　　　걸 다 갖고 오라고 했습니다. 장관으로 할 수
　　　　　　있는 개혁은 다 하겠다는 뜻이지요. 그게 인사
　　　　　　문제든 뭐든 간에 그걸 다 모아서 진도를 강하게
　　　　　　뺐습니다."

〈2019년 9월 23일〉

연합뉴스   "조국 법무부장관 의혹과 관련된 수사가 급물살을
앵커   타고 있습니다."

KBS   "검찰개혁을 제1의 목표로 내세운 조국
앵커   법무부장관을 향해서 검찰은 지금 장관과
          그 주변을 대상으로 한 수사에 속도를 내고
          있습니다."

연합뉴스   "가족을 향하던 검찰수사가 조 장관도 겨냥하고
앵커   있습니다."

KBS   "조국 법무부장관 관련 의혹을 수사 중인 검찰이
앵커   오늘 조 장관의 자택 등을 압수수색했습니다."

KBS   "압수수색 영장에는 조 장관 부부가 증거인멸에
기자   함께 참여했다고 적은 것으로 전해졌습니다.
          컴퓨터 하드디스크를 교체한 범행 장소로 조
          장관의 자택을 적시한 것으로도 알려졌습니다."

오원근 변호사	"'이제 검찰이 돌이킬 수 없는 단계까지 갔구나.' 그때 그런 생각이 들었습니다. '검찰개혁을 추진한 세력의 심장에 칼을 꽂았기 때문에, 압수수색을 했기 때문에 엄청난 싸움이 시작될 거다'라고 생각했습니다."
이연주 변호사	"저기 사냥감이 있단 말입니다. 사자도 토끼를 잡는 데 전력투구를 하는데 전력투구를 해야지요."

〈2019년 10월 7일 법제사법위원회 국정감사〉

주광덕
자유한국당
의원

"그 압수수색이 언론의 보도에 의하면 지금까지 70여 곳이 이루어졌다고 그러는데 그건 사실입니까."

배성범
서울중앙
지검장

"저희가 압수수색 장소를 카운트해서 어떤 관리를 하고 있지는 않습니다."

주광덕

"대충 첫 번에 30여 곳 했고 그 이후에 추가 압수수색을 계속했고 조국 장관 집 압수수색하는 날도 이의제기가 있어서 두 번 더 현장에서 하는 거 이런 거 다 합치면 한 70여 곳 넘습니다."

백혜련
더불어
민주당 의원

"적게 잡아도 특수부 검사 20명과 수사관 50명이 투입됐다고 보이는데요."

오원근   "표창장이나 사모펀드 조사는 특수부가 나설 일이
          아니에요."

이연주   "특수부 검사들은 권력이나 정치인 비리 같은 큰
          사건을 조사하는 곳이지 업무방해죄 같은 범죄를
          조사하는 곳이 아니거든요."

오원근   "수사의 필요성이 있다면 일반 형사부에서
          시간적 여유를 두고 해야 될 만한 사건이었어요."

이연주   "일단은 부르는 곳이 검찰 반부패수사부
          (특수부)라고 하면 거기서부터 겁이 나지요.
          변호사들 세계에서도 거기는 조지는 곳이기
          때문에 바깥에서 해결하고 가야 됩니다. 왜냐하면
          저쪽은 진용을 갖추고 온갖 무기를 갖추고
          포획하려고 그물을 쳐놓은 거잖아요. 그 보이지
          않는 그물이 그 위에 있어요."

⟨2019년 9월 17일-10월 3일⟩

연합뉴스   "검찰이 어제 조국 법무부장관의 딸 조 모 씨를
앵커   전격 소환했습니다."

KBS   "검찰이 어제 조국 법무부장관의 아들을
앵커   비공개 소환했습니다."

연합뉴스   "검찰이 오늘 조국 장관 부인 정경심 동양대
앵커   교수를 비공개 소환했습니다."

KBS   "조국 법무부장관의 동생이 검찰 조사를 받고
앵커   있습니다."

박준호	"몇 월, 며칠, 몇 시에 검찰에 출두하라는 문자가
조국 전 장관 동생 지인, 광고회사 대표	왔고요. 그래서 말로만 듣던 특수부라는 곳에 들어가서 수사를 받게 됐습니다. 총 여덟 번을 받았습니다. 저는 박준호라고 합니다. 작은 광고회사를 운영하고 있습니다."

박준호 씨는 조국 전 법무부장관 동생 조권 씨의 지인이다. 조권 씨는 검찰로부터 교사 채용 비리 등의 혐의로 기소됐다. 검찰은 조권 씨의 추가적인 여죄를 찾아내기 위해 일명 '조국 사태'가 일어나기 전 최근 1년 동안 가장 가깝게 지내왔던 박준호 씨를 참고인으로 소환했다.

박준호　"건물에 들어가서 일정 층의 긴 통로를 걸어가다
보면 아주 두꺼운 철문이 있어요. 철문 바깥에서
제가 조사받게 되는 호실을 눌러요. 그리고
콜이 울리면 안에서 전화를 받고 누군가 문을
열어주러 나옵니다.
굉장히 두꺼운 철문이었고요. 그 철문이
끼익하면서 뭐랄까… 영화에 나오는 장면처럼
철문이 쾅 열려요. 그리고 제가 들어가면 다시
문이 닫히는데 그 문이 아주 육중한 소리를
내면서 쾅 닫히지요. 철문 사이에… 제가 안으로
들어가게 되는 거고 그 중압감은 이루 말할 수가
없어요.
그래서 그 호실에 들어가면서 문을 열면
오른쪽으로 돌아서 조사관 테이블에 앉게 되고요.
문을 열자마자 정면에는 유리창 뒤로 검사가 저를
지켜보는 거예요. 그러니까 저는 검사한테 왼쪽
얼굴을 보이면서 조사관한테 조사를 받게 되는
거고요.
첫 자리에서부터 제가 받았던 인상은 '당신이
조권 씨의 오른팔이다. 그리고 무언가의 대가를
바라기 위해서 조권 씨의 옆에 있었고. 쉽게 가자,
있는 거 다 이야기해라. 숨기려고 하다가 나중에

일이 또 커지고 당신도 문제가 더 심각해질 수
있으니까 솔직하게 다 이야기하라'는 거였어요.
아침 9시부터 저녁 12시까지 조사를 받으면
아침에 했었던 질문이 점심에 한 번 또 나오고
저녁에 또 나오고 거기에 무수하게 반복되면서 몇
월, 며칠, 몇 시에 내가 누구를 만났었다라는 것을
반복해서 질문해요. 나중에 기록되어 있지 않은
거는 구체적으로 답변하기 힘든데…
보통 일상적으로 사회생활을 하는 사람들은 그걸
일일이 다 기억하지 않거든요. 그런 것들을 다
알고 와서 '그게 한 10시쯤이었지요' '네, 그런
것 같습니다'라고 대답하면 저녁에 '그게 정확히
몇 시'로… '기억이 안 나는데요' '한 오전, 오후
정도 되지요? 아침에 10시라고 이야기하지
않았나요, 점심이라고 이야기하지 않았나요' 이런
식으로 저를 교묘하게 거짓말쟁이처럼 만들어요.
자기들이 원하지 않는 내용이거나 진술이
불필요하다고 했을 때는 내 왼쪽을 쳐다보고
있는 검사가 자리에서 벌떡 일어난다든지
아니면 책상에 있는 자기 책을 팔로 팍 치면서
질문을 하게 되면 그때 불쾌감, 그 뭐랄까 내가
상상하지도 못했던 상황이 계속 내 왼쪽에서

벌어지는 것에 대한 어떤 불쾌감이 있어요.

그리고 그 위압감, 공포감은 상상을 초월하는

거지요."

〈2019년 10월 22일 「뉴스공장」 인터뷰〉

김어준   "안녕하십니까?"
라디오
「뉴스공장」
진행자
박준호   "네, 안녕하세요."

김어준   "인터뷰에 응해주셔서 감사합니다."

박준호   "저는 지금까지 검찰 조사를 세 차례
          받았고요. 3차 조사를 받던 중에 조사관이
          저에게 '괘씸하다'면서 기분이 언짢은 태도로
          질문했습니다."

김어준   "어떤 질문을 하나요."

박준호   "'당신이 조권하고 무슨 관계인지 모르겠지만
          지금 이 상황에서 주인공인 줄 아느냐. 그리고
          시키는 대로 가라. 우리가 의도한 바를
          모르겠느냐, 말을 못 알아듣겠느냐. 우리가
          원하는 대로 따라와라.' 그런 태도에서 가장
          격분을 해서…"

박준호   "제가 라디오 프로그램 「뉴스공장」에 나가서
그동안 겪었던 일들을 이야기합니다. 그리고
그다음 날 아침 9시에 다시 조사를 받으러 가게
되지요. 아수라장이 벌어져 있는 거예요.
그때부터 반말 비슷한 게 튀어나오면서 저한테
'당신이 제정신이냐'라는 식으로… 완곡하게
표현을 할게요. '조사받고 있는 중간에 이런
내용을 가지고 방송에 나와서 이야기를 하냐'고
하는 거예요.
검사는 자기 자리에서 일어나서 핸드폰으로
자기들한테 불리한 이야기를 한 부분을 잘라서
귀에다가 갖다 대고 '정신이 나간 거 아니냐.
자기들이 언제 그런 이야기를 했냐'라고 반문을
하고 화를 내고 그러면서 책상을 두드리고 손으로
막 치고. 그리고 앞에 있던 책상을 뒤집어엎고."

제작진   "아까 완곡하게 표현을 하신다고 그랬잖아요.
근데 완곡하게 표현하지 않고 어떤 이야기를
들으셨는지…"

박준호   "아무튼 뭐 그냥 제가 드릴 수 있는 말은 굉장히
모욕적이라는 것. 정말 50년 넘게 그렇게

모욕적인 단어나 표현을 제가 들었다는 것
자체가 화가 나서라도 그 말을 다시 말씀드리기
어려워요. 그 자리에서 진짜 어떤 뭔가 결기를
보여줘야 되나 할 정도의 모욕적이었다는 것만
말씀드리고 싶습니다."

장경욱

동양대
교양학부
교수

"검찰조사에 대해 연락한 검사님이 '교수님은
전체 포지션에서 차지한 거 별로 안 돼요. 그냥
잠깐 오시면 질문도 짧게 해드릴 테니까'라고
얘기했어요. 그런데 오후 1시 30분에 시작해서
다음 날 새벽 2시 넘어서 나왔어요. 그날 새벽 2시
반까지 저를 계속 기다려주던 후배가 있었어요.
그 후배가 없었으면 저는 한강에 뛰어들었을
거예요."

조국 전 법무부장관의 부인 정경심 교수는 2013년에 딸이
재발급받은 동양대학교 표창장 위조 혐의로 검찰에 기소됐다.
장경욱 교수는 정경심 교수의 표창장 위조 혐의와 관련한
소환조사를 받았다.

장경욱

"저는 사실 지금까지도 제 안의 공포를 감추며
살고 있어요. 검사들이 주는 공포심이라는 것은
조서를 쓸 때만이 문제가 아니라 제가 쓴 조서가
이들에게 어떻게 이용될 것인지에 대한 공포가
있습니다."

김어준
라디오
「뉴스공장」
진행자

"동양대 표창장 관련 인터뷰를 계속
이어가겠습니다. 이번에는 어렵게 동양대 교수님
한 분을 모셨습니다. 당시 사정에 밝으신 분인데
조민 학생이 동양대에 와서 봉사활동을 한 것을
본 사람이 상당히 많다고 하셨지요?"

익명
실제로는
장경욱
동양대학교
교양학부
교수

"그때 방학 기간이어서 저는 싱가포르에 갔다
오느라 학교에 없었는데, 돌아와서 동료들에게
'여름 방학 프로그램이 어떻게 돼 가나?'
이런 이야기들을 서로 나눴어요. '그때 민이가
고생했어'라고 하는 류의 얘기를 들은 것 같아요.
충분히 타당성이 있다고 생각합니다. 방학 때 조민
양이 봉사활동하는 것을 봤다는 미술 담당하신
분이 처장님이니까요."

김어준

"실제 봉사활동하는 것을 봤다는 관계자의
인터뷰를 확인했습니다."

장경욱 "담당검사가 저에게 실제로 강준 교수가
봉사활동을 목격했다는 말을 했냐, 목격한 게
사실이냐고 묻더라고요. 그러면 제가 사실이라고
말을 할 순 없잖아요. 「뉴스공장」에서도 그렇게
말하지 않았고요. '그런데 왜 강 교수가 실제로
목격한 것처럼 얘기를 했냐'고 추궁을 하더군요.
그래서 '나는 그렇게 얘기한 적 없다'라고
이야기했어요.
그런데 검사는 자꾸 제가 「뉴스공장」에서 '목격한
교수'라는 단정적 표현을 했다는 거예요.
'이거 누가 봐도 목격했다로 오인하게 만드는데
어쩌신가요'라며 추궁하는데 같은 질문을 다섯,
여섯 번 받고 나면 '그 사람이 목격했다고 한들
아닌들 나한테 뭐가 중요하겠어'라는 생각이
들어요. 할 말이 없어서 그냥 가만히 있었지요.
그러자 검사가 '제가 그냥 유감입니다라고
쓸게요'라고 말하길래 '네'라고 대답했어요.
어차피 봉사한 것은 밝혀질 텐데 무슨 의도가
있나 의심이 들었어요. 그런데 11월 18일 날,
『세계일보』에 이런 기사가 나와요."

'정경심 두둔' 동양대 교수, 검찰선 "모르고 한 얘기"

정경심 교수를 두둔한 동양대 J교수가 검찰 조사에선 "잘 모르고 한 얘기"라며 발을 뺀 것으로 확인했다.

—2019년 11월 18일 『세계일보』

장경욱　　　"그날 조사받은 수많은 질문 중에 그거 하나를 근거로 '동양대 장 교수, 정경심 두둔한 교수 검찰에서는 발뺌.' 그렇게 되어버린 거예요. 9월 10일에 처음으로 제가 「뉴스공장」에서 인터뷰한 방송이 나갔어요. 그런데 그날 익명인데도 제 목소리를 알아보고 전화를 한 많은 분 중에 SBS 보도국에서 일하는 지인이 있었어요. 이분이 제 걱정이 돼서 전화를 한 거예요. 점심 무렵이에요. '장 교수, 내가 「뉴스공장」에서 하는 얘기 잘 들었어. 그런데 우리 회사 법조 팀이 그러는데 검찰은 내일 당장 정경심을 체포할 수 있는 모든 물증을 다 갖고 있대. 그러니까 장 교수, 오늘까지 얘기한 걸로 괜찮으니까 혹시 모르니 그 정도 선에서 지켜보는 게 어떻냐'라고 저를 걱정해서 전화를 해줬어요. '방송사하고 판사와 검사가 다 모인 정말 고급 정보를 공유하는 모임이 있나 보다. 저런 분들 사이에서

정 교수를 내일 당장 체포할 수 있는 물증이 다
확보되어 있다는데 내가 무슨 짓을 한 거지'라는
공포심이 생겼습니다. 전화를 받은 날이 9월 10일
아니면 11일이에요. 그런데 제가 전화받은 그
시각은 강사휴게실 PC 포렌식이 끝나지도 않았을
때예요."

검찰, 연휴에도 '조국 가족 수사'… 하드디스크 포렌식 작업 주력

조국 법무부 장관 가족을 둘러싼 의혹을 수사하는 검찰이 조 장관 자택과 부인 정경심 교수의 동양대
연구실에서 사용된 PC 하드디스크를 모두 확보하고 증거물 분석에 주력하고 있습니다.

서울중앙지검 특수2부는 정 교수 등의 자산관리를 해온 증권사 직원 김 모 씨로부터 동양대 연구실 PC
와 조 장관의 서울 방배동 자택 PC 2대에 장착돼 있던 하드디스크를 모두 임의 제출받아 분석하고
있습니다.

장경욱   "저 사람들이 갖고 있는 물증이 무엇인지 도저히
제 상상과 제 상식에서 납득할 수가 없었어요.
그래서 그때부터 지금까지 제가 계속 그걸 캐보게
된 거지요. 재판도 계속 가게 되고요."

조성식   "전통적으로 언론에서는 검찰이 수사한 내용은
전『신동아』 그대로 받아써야 된다는 그런 생각들을 갖고
기자   있어요. 저도 그랬었고요."

김정은   "권력을 가진 이를 수사하거든요. 그러면
KBS 기자 그건 조금 잘못돼도 괜찮아라고 하는
마음이 있습니다."

조성식   "설사 나중에 재판에서 사실이 아닌 걸로
드러나도 검찰의 주장을 받아쓴 것이기 때문에
문제가 안 되는 걸로 인식을 해요."

SBS   "검찰은 지난 3일 조 후보자의 부인 정경심
앵커   교수의 동양대 연구실을 압수수색했습니다. 이후
           정 교수는 압수수색 전에 연구실에서 가져갔던
           업무용 PC를 검찰에 임의제출했습니다. 검찰이
           이 PC를 분석하다가 동양대 총장의 직인이 파일
           형태로 PC에 저장되어 있는 걸 발견한 것으로
           SBS 취재 결과 확인됐습니다."

검찰, 반출됐던 정경심의 동양대 PC에서 각각 다른 '총장 표창장' 파일 3~4개 발견

조국 부인 PC에 총장 직인 파일… 딸도 공동정범으로 소환 검토

조국 부인 PC서 동양대 총장 직인 등장 … '업무용' 해명

김태현
『아주경제』
기자

"정경심 교수가 기소된 이후에 법조계나 정치권에서 한 번도 소환조사 없이 기소하는 게 어디 있냐며 비판 여론이 가장 클 때였습니다. 그 시점에 갑자기 SBS에서 보도가 나옵니다. SBS 보도는 표창장 위조와 관련해서 거기에 기폭제 역할을 했기 때문에 검찰한테는 굉장히 유리한 기사였습니다. 정경심 교수와 조국 전 장관을 비난하는 여론을 만들기에도 굉장히 용이한 기사였지요."

박효석

시사 유튜버
(빨간아재
운영)

"그런데 그날 이야기한 연구실 PC에서는 그런 파일이 나온 적이 없어요. 검사가 증인 신문하면서 그 PC에서 그런 파일이 나오지 않았다는 사실을 검찰이 먼저 고백했습니다. 2019년 9월 7일자 보도가 나가고 사흘 뒤에 검찰이 강사휴게실에 방치되어 있던 PC 본체 두 대를 임의제출 방식으로 압수하거든요. 그 사흘 뒤에 임의제출받은 그 PC에서 직인 관련 파일들이 나온 거예요."

김정은

KBS 기자

"아직 이 사람은 복권을 사지도 않았는데 '내가 아는데 이 사람이 복권에 당첨됐어'라고 주장하는 것과 동일합니다."

박효석

"사실 굉장히 섬뜩한 얘기예요."

김정은

"검찰이 정보를 의도적으로 계속 흘립니다. 이것이 사실이든 아니든 사냥감을 반쯤 죽여 놓는 것이거든요. 목표는 사냥감을 여론재판하는 거예요. 검찰이 언론플레이를 하는 관점에서 볼 때 검찰은 다 얻은 거예요. 이 수사가 굉장히 정밀하게 기획된 표적 수사일 수 있다라고 하는 그런 실마리를 던져준 사건이지요."

"정경심 PC서 동양대 총장 직인 파일 발견" SBS 보도 법정제재

동양대 총장 직인 파일 오보 아니라면서 근거 못 내놓은 SBS

SBS는 이 부분에 대해 '표현상의 실수'라고 해명하는데…
… 오보가 아니라고 반박했다

"통상적인 방식으로 취재했다" "취재원 보호를 위해 밝힐 수 없다"

검찰의 실수? …증인신문 도중
"'정경심 PC'에는 총장 직인파일 없었다" 실토

2020-04-12 06:00

검사 : 정경심 교수 연구실 PC에서 총장 직인 파일이 발견된 보도가 있었죠. 근데 이 PC에서 발견된 사실이 없었거든요. 증인은 이 진위여부는 알 수 없었죠?

증인 : 그렇습니다.

조국 전 장관의 부인 정경심 교수의 9차 공판이 열린 지난 8일. 검찰의 증인신문 과정에서 나온 말이다.

문제의 보도는 지난해 9월 조 전 장관의 인사청문회 다음날 SBS가 단독으로 보도한 것. 당시 이 기사는 정 교수에 대한 검찰수사의 정당성을 강력하게 뒷받침하는 역할을 했다.

〈2019년 10월 12일〉

KBS 앵커	"조국 장관 일가에 대한 대대적인 검찰 수사가 한 달째 이어지고 있는 가운데 이 같은 검찰 수사에 반발하는 시민들의 움직임도 심상치 않습니다. 오늘 서울 서초동 검찰청사 앞에는 국정농단 촛불집회 이후 최대 규모의 시민들이 운집했습니다.
시민들	"조국 수호! 검찰개혁! 조국 수호! 검찰개혁! 최후 통첩! 검찰개혁!"

©미디어몽구

강성범

개그맨,
유튜버
(강성범 TV
운영)

"조국 일가가 저렇게 저잣거리에 내걸리는
것을 보고도 '내가 검찰개혁하겠소'라고
나오는 사람이 있겠습니까!"

시민들　　"조국 수호! 검찰개혁! 검찰개혁!
우리가! 조국이다!
우리가! 조국이다!"

강성범　"저는 지금 검찰이 가장 무서워요. 제가 제 유튜브 채널에서 아직도 검찰을 강하게 비판하지만 무서워요. 그래서 항상 생각해요. 내가 검찰이 팔 만한 뭔가를 한 적이 있나. 국민들이 주인이라고 헌법에 쓰여 있는 국가에서 누군가가 잘못 걸리면 억울하게 인생이 망가질 수 있는 그런 견제받지 않는 권력이 있다는 것은 이건 잘못된 나라인 거잖아요."

조국　　　"저는 서초동 촛불집회에 그렇게 많이 모일

거라는 생각을 못 했습니다. 사실은 저도 깜짝

놀랐어요.

많은 사람들이 조국 수호, 검찰개혁을 외쳤는데

조국 개인을 수호하는 집회는 아니었다고

생각하고요. 그 사람들이 조국 또는 조국 가족의

흠결과 한계를 알면서도 '이건 아니야'라고 해서

나왔다고 생각해요. 위로를 얻은 거지요. 또 힘을

얻은 거지요."

| KBS 앵커 | "어제 광화문광장에서 조국 장관 퇴진을 요구하는 대규모 집회가 열렸습니다. 주최 측은 이번 집회가 보수 집회의 최대 규모인 300만 명 이상이었다고 주장하고 있습니다. 광화문광장을 거쳐 청와대로 몰려온 사람들은 밤늦은 시간까지 자리를 지키며 조국 법무부장관 사퇴와 문재인 대통령 퇴진을 외쳤습니다." |

조국　　　　"공방이 계속 진행되는데 대통령 국정 지지도가
　　　　　　빠지기 시작했습니다. 많이 빠집니다.
　　　　　　그러면 조국 때문에 다른 일을 못하게 되는
　　　　　　상황이 돼버리는 거지요. 그것은 대통령의
　　　　　　참모로서 또는 대통령의 내각의 구성원으로서 그
　　　　　　상황을 방치할 수는 없는 거지요."

〈2019년 10월 12일〉

KBS   "지금 서울 서초동에서 검찰개혁을 촉구하는
앵커   아홉 번째 집회가 열리고 있습니다. 주최 측은
           오늘이 마지막 집회라고 밝혔는데요.
           그만큼 더 많은 집회 참가자들로
           그 일대가 가득 찼다고 합니다."

조국　　　"저는 100만 모였을 때 이 정도 모인 집회는
더 이상 불가능하다고 판단했어요. 조국이
빠지더라도 이 목소리는 죽을 수가 없다. 그러면
저 대신 다른 사람이 해야 된다고 생각했어요.
그래서 서초동 집회를 가보지도 못했는데 제
친구·선후배들이 서초동 사거리 각각의 영역에
있으면서 거기에서 찍은 사진과 동영상을 저한테
계속 보내줬습니다. 사실은 그 영상들을 보면서
사직서를 썼어요. 혼자."

〈2019년 10월 14일〉

KBS
앵커

"조국 법무부장관이 오전에 검찰개혁안을 종합
발표한 뒤에 오후에 전격 사퇴했습니다. 장관
취임 35일 만입니다."

조국

"국민 여러분께 죄송하고 송구하고 감사하고
고맙습니다. 저는 이제 한 명의 시민으로
돌아갑니다."

©KBS

강기정

전 청와대
정무수석
비서관

"변명 같지만 윤석열 총장만 아니었으면 조국
장관에게도 그다음에 대통령께도 그다음에
국민께도 아쉬움은 있지만 수습이 잘 됐을 거라고
봐요. 그게 저는 너무 안타까운 거지요.
그래서 윤석열 총장을 마음속으로
용서할 수 없어요. 정말로."

〈2022년 2월 8일 국민의힘 유튜브 채널 '오른소리' 인터뷰〉

윤석열
국민의힘
대통령
후보

"조국 사태 때는 어이없는 일들이지요. 뭐냐 하면 대검하고 서울지검 앞에 얼마나 되는 인원인지 모르겠지만 소위 말하는 특정 더불어민주당과 연결된 사람들이 다 모여서 검찰을 상대로 협박을 했습니다. 이거는 자유민주주의 사회에서 있을 수 없는 일이거든요. 어떤 정권도 이런 적이 없었습니다. 그건 완전히 무법천지지요. 과거 같으면 사법처리될 일들입니다."

박효석	"저는 유튜브에서 '빨간아재'라는 이름으로 시사
시사 유튜버	콘텐츠를 제작하고 있습니다.
(빨간아재 운영)	'품격 있는 아재, 아지매 여러분 안녕하십니까.
	빨간아재입니다. 오늘은 조국 전 장관의 두 번째
	공판 준비 기일이 열렸습니다. 관련 소식
	전해드릴 텐데요.'"

시사 유튜버인 박효석 씨는 20년 동안 기자 생활을 했다.
그는 2019년 9월 정경심 교수가 기소된 후 조국·정경심의
재판을 방청하며 소식을 전하고 있다.

박효석	"여러분 안녕하십니까. 빨간아재입니다. 지금은
	뒤에 보시는 것처럼 서울중앙지방법원 법정
	입구에 나와 있습니다. 오늘 잠시 후에 정경심
	교수의 공판이 시작될 예정인데요.
	저도 이제 법정에 들어가야 하니까 방송 마치고
	법정에 들어가서 방청을 하도록 하겠습니다."

박효석　"그동안 잘 듣지 못했던 피의자 또는 피고인 측의
　　　　주장을 처음으로 접하게 되는 장소가 법정입니다.
　　　　그런데 그 언론에서 보도하고 있는 것이 사실인지
　　　　직접 보기 위해 법정에 갔습니다. 제가 20년
　　　　동안 기자 생활을 했지만 그때 배운 것보다 이
　　　　재판을 방청하면서 2년여 동안 배운 게 많아요.
　　　　'조사실에서 어떤 일이 벌어지고 있구나. 특수부
　　　　반부패부검사들이 어떤 수법을 쓰고 있구나.
　　　　재판부까지 속일 수 있는 사람들이구나. 사건이
　　　　왜곡될 수가 있겠구나' 하는 것들이지요. 표창장을
　　　　위조한 것을 입증하는 증거가 발견됐다고 하는데요.
　　　　그 PC는 동양대 강사휴게실에 방치되어 있던
　　　　PC입니다. 그 PC를 임의제출한 조교가 있습니다.
　　　　법정에 증인으로 출석하여 검사와 수사관들이 PC
　　　　임의제출을 받았던 과정을 증언했어요. 그 증언
　　　　과정에서 뭔가 의미심장한 이야기를 두 차례 합니다.
　　　　'자필 진술서를 쓰는데 검사가 불러주는 대로 쓰라고
　　　　했다. 그래서 아 다르고 어 다른데 이렇게 쓰면 안
　　　　될 것 같다라고 해서 무슨 일이 있었다. 어떤 사건이
　　　　있었다.' 이렇게 두 차례 언급을 해요. 그래서 조교가
　　　　법정에 증인으로 출석하고 나서 하루이틀 뒤에 제가
　　　　전화상으로 인터뷰를 했어요."

〈2022년 3월 27일 유튜브 빨간아재 인터뷰〉

김○○   "여보세요?"

동양대학교
조교

박효석   "네, 통화 괜찮으세요."

김○○   "네."

박효석   "우선은 다시 한번 여쭐게요. 제가 강요 절대 안
               하고요. 본인 의사로 지금 인터뷰에 응하시는 건
               맞으세요?"

김○○   "네, 맞아요."

박효석   "그럼 말씀 좀 여쭐게요. 검사가 불러줘서 썼다는
               부분 있잖아요. '이거는 아니다. 아 다르고 어
               다르다'라고 본인이 생각했다는 부분은 어떤
               내용이었어요?"

김○○   "'그냥 거기에 뒀다'라고 얘기했는데 '가지고
               있었다'라고…"

박효석 "가지고 있었다. 컴퓨터 본체를?"

김○○ "'내가 가지고 있는 게 아니다. 그냥 그 장소에 있었다. 이렇게 쓰면 안 될 거 같다'라고 하니까 검사님이 '그게 가지고 있는 거다. 네가 관리하고 있는 실에 있으니까'라고 하셨고 '아, 나는 거기에 PC가 있다는 걸 보기만 한 것이니 이걸 확인했다고 쓰면 이상할 것 같다' 했더니 한 검사님이 '얘 징계 줘야 되겠네. 관리자가 관리도 못 하고'라고 했어요."

박효석 "김 조교가 쓰기를 거부했더니 검사가 '얘 징계 줘야 되겠네'라고 해서 마지못해 검사가 불러주는 대로 썼다는 거지요?"

김○○ "네."

박효석 "그 뒤에 참고인 조사를 받은 건가요?"

김○○ "네, 참고인 조사를 10월 15일에 받았습니다. 그때는 검사님이 물어보시더라고요. '예전에 강사휴게실 PC 임의제출할 때 강압적인 부분이

...협조하라면 당연 ... 상태여서 저는 모두 협조할 생각이었습니다.

강사 휴게실에 있던 PC 본체는 모니터도 없고 키보드도 없던 것이었습니다. 포렌식 수사관이 교양학부에 있던 컴퓨터 모니터를 이용하여 본체를 구동시키려고 하다가 잘 안됐던 것이 기억나고, 본체 자체를 제출해 달라고 해서 제가 임의제출하게 된 것입니다.

문 진술인이 당시 제출을 강요받은 사실이 있나요

답 아닙니다. 강압적인 분위기는 전혀 없었습니다.

문 당시 분위기가 어땠나요

답 저도 아시다시피 편하게 이야기 했습니다. 검사님과 수사관분이 제가 보이기로 너무 피곤해 보여서, 제가 직접 비타민과 포도당 캔디를 드리기도 했던 기억이 나네요

문 모니터 및 키보드도 없는 PC 본체 2대(본체 하단에 달가기 있는 것과 없는

있었냐'고요. 그래서 '네, 있었다'라고 했더니 그
검사님이 '어느 부분에 그러냐. 우리 강압적으로
했었냐?'라고 하셨어요. '좀 키 작고 그러신
분이 저한테 징계를 줘야 되겠다 이렇게 얘기를
하셔서 솔직히 좀 무섭고 강압적으로 느꼈다'라고
했더니 '에이 그거 장난이잖아요. 왜 그래요'
이러시더라고요. 그래서 강압적인 수사는
없었다고 조서가 나왔죠. 그때 '아 이 사람들한테
이 일들이 별일이 아니었구나'라는 생각이
들었어요."

박효석 "조교가 다시 한번 증인으로 출석을 해요. 출석을
해서 저하고 인터뷰했던 내용을 증언합니다.
그런데 재판부에서 '그걸 왜 이제 얘기하냐.
왜 지난번에 증인 출석했을 때 이야기 안
했냐'는 거예요. 조교는 '그때 제가 질문을 받지
못했잖아요'라고 대답하지요. 그러자 재판부가
'묻지 않는다고 말을 안 하냐'고 되묻습니다.
그러니까 마치 '증인 신문 이후에 누군가와
말을 만들어서 사실과 다른 주장을 하고 있는
것 아니냐'고 하는 거죠. 그런데 그런 증언을
통해서 조교가 얻을 게 뭐가 있지요? 더구나
재판장은 다른 증인 신문 과정에서 증인이
뭔가를 설명하려고 하면 고압적인 태도로 '묻는
말에만 대답하라'고 윽박지른 적이 여러 차례
있었거든요. 조교가 당시에 증인으로 출석했을
때는 굉장히 힘든 상황이었어요. 결국 조교는
학교를 그만뒀지요. 학교 내에서 조국 전
장관이나 정경심 교수에게 어떤 유리한 발언을
하거나 행동을 하는 몇몇 사람들이 있었는데 속된
말로 왕따 취급을 당하고 있었죠. 삿대질당하고."

장경욱

동양대학교
교양학부
교수

"원룸과 연구실 외에 학교에서 대화 나누는
사람이 없어요. 저희 학교 직원들에게 옛날에
진행했던 프로그램 등에 대해 물으면 제가 당할
수 없는 모욕적인 말들을 쭉 들어왔으니까요.
그리고 저한테 대답을 하면 그 직원에게 피해가
갈 수도 있다는 걸 아니까 누구에게도 연락할
수가 없지요."

조국 전 법무부장관의 배우자 정경심 교수는 아들이 받은 동양대 표창장 스캔 파일로 딸의 표창장을 위조했다는 혐의를 받는다.

정 교수가 직접 문서작성 프로그램인 아래한글을 이용해 딸의 표창장 내용을 작성한 후 아들의 표창장 이미지 파일 하단을 잘라서 붙였다는 혐의다.

장경욱   "재판을 방청해보니 원래 증인이 출석하면 증언
직전에 검찰에서 쓴 조서를 읽게 하는 시간을
주더라고요. 천천히 읽어도 된다고 하고요.
검찰이 벼르고 있다는 말을 들어왔던 저에게는
재판에 출석해서 과거 저의 검찰 조서를
확인하는 게 얼마나 중요하겠어요. 그런데
제가 2페이지째 넘기는데 판사님이 변호사한테
'시간도 없는데 이분은 이건 생략해도 되죠'
하니까 '네' 하더니 넘어갔어요. 저는 제가 1년
전에 검찰 조사받으면서 했던 말을 확인하지도
못한 채 검사의 질문을 받게 된 거예요. 그게 어떤
패닉인지를 판사님들은 아실 길이 없을 거예요."

장경욱 "서식에 대해서 혼자 실험을 100번, 200번
정도 했어요. 처음 공소장만 보고 공소장 그대로
했던 때가 있고 나중에 법정에 나가서는 검찰이
PPT로 제시한 서식을 제가 외워서 그대로 따라
만들었던 적도 있는데 거기 있는 파일대로 하면
아래 글자 부분이 은박을 침범해요. 글자가
걸리지요. 상단의 여백을 조금 내려야 은박
밑으로 글자가 내려오겠죠. 정경심 교수가 갖고
있는 표창장 사진은 글자가 은박에 안 걸려
있어요. 저 증거 파일을 그대로 출력해 가지고는
절대로 은박에 안 걸리는 정 교수 표창장이 나올
수가 없는데, 저걸 어떻게 하면 안 걸릴 수 있다는
걸까. 그 여백을 최대한 내려 보는 실험들을 해본
겁니다.
결국 검찰이 갖고 있는 증거 서식대로라면 여백
문제가 해결이 안 될 텐데 어떻게 해결했을까…"

30

어학교육원 제 2012-2-01 호

표 창 장

성 명 : 조 민
학교/학과 :

최우수봉사상

기 간 : 2010.12.01 ~ 2012.9.07

위 사람은 동양대 인문학영재프로그
램의 튜터로 참여하여 자료준비 및
에세이 첨삭지도 등 학생지도에 성실
히 임하였기에 그 공로를 표창함

2012년 9월 7일

동양대학교 총장 최 성

원본대조필

◀ 정경심 교수의 딸 조민이 실제로 받은
동양대 표창장. 수여인 명의가 은박 아래에
정상적으로 나와 있다.

어학교육원 제 2012-2-01 호

표 창 장

성 명 : 조 민
학교/학과 :

최우수봉사상

기 간 : 2010.12.01 ~ 2012.9.07

위 사람은 동양대 인문학영재프로그
램의 튜터로 참여하여 자료준비 및
에세이 첨삭지도 등 학생지도에 성실
히 임하였기에 그 공로를 표창함

2012년 9월 7일

 교 총 장 최 성

▶ 검찰이 동양대 강사휴게실 PC에서 발견한
조민의 표창장 파일 출력 결과. 수여인 명의가
은박 위에 겹쳐져 어색하게 출력되었다.

장경욱 동양대 교수는 검찰이 제시한 증거 서식으로 정경심 교수의 딸
조민의 표창장이 정상적으로 나올 수 있는지 검증하고 있다.

장경욱 　　"법정에서 저 여백의 문제를 설명해주고
싶었습니다. 그래서 그날 자료를 들고 갔는데
판사님이 '여덟 번째 증인이고 시간도 늦고
하니까 그냥 말로 하라' 이러는데 답답했습니다.
원래 재판 끝날 때 판사님이 '이제 가셔도 됩니다'
이렇게 말해요. 그 말이 많은 증인들한테는 기쁜
말이지요. 이제 안심하고 귀가할 수 있으니까요.
그런데 제 경우는 그게 기쁘지 않았어요.
'판사님, 제가 오늘 다 못 드린 말씀은 나중에
서면으로라도 제출해도 되겠습니까?'라는
말을 준비해갔어요. 그런데 제가 '서면…'
하는데 판사님이 '나가세요'였는지 '나가셔도
됩니다'였는지 다시 세게 얘기를 했어요.
그래서 제가 가방을 싸들고 복도에 딱 나오면서
그때부터…
그날이 폭우가 쏟아지던 날인데 밖에 제자들과
제 자식도 있는데 펑펑 울었죠."

⟨2020년 12월 23일⟩

KBS "법원이 정 교수에게 징역 4년에 벌금 5억 원을
앵커 선고하고 법정 구속했습니다. 15개 혐의 가운데
특히 입시 비리 관련 혐의는 모두 유죄로
인정됐습니다."

동양대 총장 표창장 위조(2019고합1050호)에 관한 판단
AK(최성해 총장)는 검찰조사 및 이 법정에서, 조민에게 1차
표창장을 수여한 사실이 없고, 피고인으로부터 조민에게 1차
표창장이 발급되었다는 말도 들은 사실이 없으며…
최성해의 위 진술은 일관되고 구체적이며 신빙성이 있다.
AK의 진술이 허위라고 보기 어렵다.
―서울중앙지방법원 제25-2 형사부 판결문

〈2021년 4월 19일〉

MBC
앵커

"조국 전 법무부장관 딸의 동양대 총장 표창장
위조 의혹 사건과 관련해서 1심 재판부가 유죄를
인정하는 데는 표창장을 준 적이 없다는 최성해
전 총장 증언의 힘이 컸습니다."

장경욱   "표창장을 최성해 총장이 준 적이 없다라는 게
판결문에 들어가려면 이분이 진실의 증인이라는
판단이 전제돼야 하는 거잖아요. 그런데 이분은
법정 증언만 해도 정말 많이 바꿨어요. 표창장
최초 인지 시점만도 그날 그 자리에서 네 번을
바꾼 분이에요."

〈2020년 3월 30일 서울중앙지방법원〉

변호인
정경심 측
"증인의 명의로 된 조민에 대한 표창장이
존재한다는 사실을 언론보도를 통해 처음 알게
되었다고 말하였지요?"

최성해
"네."

변호인
"언론에서 이것을 최초로 보도한 것이 작년
9월 3일로 알고 있는데, 그 이전에는 모르고
있었나요?"

최성해
"그전에 알았던 것은 우리 압수수색 왔을 때…"

변호인
"압수수색 나오기 전에 알지 않았나요?"

최성해
"압수수색 나오기 전에 알았고 그 다음 그
이후에는 그전이라고 해봤자 한 하루 이틀 상간일
것입니다."

변호인
"그때는 언론에 안 나왔었는데 어떤 경위를
통해서 알게 되었나요?"

최성해   "제가 처음 봤던 것은 우리 직원이 압수수색을
         나와서 표창장 이야기를 하더라고요."

변호인   "그것은 압수수색 때 이야기고, 압수수색 전에
         알았다고 하지 않았나요?"

최성해   "그전에는 우리 직원들을 통해서 제가
         알았습니다. 저한테 '총장님이 표창장
         발행하였느냐'고 물어봅디다."

〈2020년 3월 25일 서울중앙지방법원〉

변호인
정경심 측

"동양대 교직원들은 최성해 총장 지시로 2019년 8월 27일경 전후로 표창장 관련하여 내부회의를 한 적이 있었나요?"

정○○
동양대학교
행정지원
처장

"네, 한 적이 있습니다."

〈2020년 3월 30일 서울중앙지방법원〉

변호인 "'(동양대학교 행정지원처장은) 동양대학교
정경심 측   내부에서 회의가 있었는데 조민의 표창장
진위 여부에 대해서 갑론을박이 있었다'라고
진술했습니다. 그 내부회의가 언제 있었는지
아시나요?"

최성해 "저는 잘 모릅니다. 내부회의는 회의가
많으니까요."

〈2021년 5월 5일〉

MBC
앵커

"최 전 총장이 처음으로 표창장 관련 내용을
알았다고 증언한 시점보다 1주일 이전에 동양대
측이 조사에 들어간 사실이 재판 과정에서
드러났습니다. 취재진이 확보한 최성해 전 총장의
육성파일에서 이 사건에 대해 미리 준비했다는
발언이 확인돼 의혹이 일 수밖에 없습니다."

최성해

"그때는 내가 매우 힘들 때라서 9월 1일 날, 9월
4일 날에 터졌으면 그전부터 나왔다는 소리지.
그전부터 내가 어떻게 애들을 요리해 갖고 내가
학교를 좀 띄워 갖고 재벌들한테 돈을 받나 이런
거를 생각할 때인데…"

〈2021년 5월 5일〉

MBC
기자

"최 전 총장의 수상한 행보는 또 있습니다. 정경심 교수 문제와 관련해 야당 관계자와 논의를 했다는 겁니다."

J씨

"27일에 바로 서울 올라가서 김병준과 우동기 다 서울 올라오라고 해서 다 만났어요."

〈2020년 3월 30일 서울중앙지방법원〉

변호인
정경심 측
　"증인은 주광덕, 곽상도가 동양대학교에 총장상
　관련 공문을 보낸 바로 그날, 2019년 8월 27일경
　서울로 올라가서 전 자유한국당 국회의원
　최교일의 주선으로 전 자유한국당 비대위원
　김병준, 전 교육감 우동기(전 KBS 기자의 형)를
　만난 사실이 있지요?"

최성해　"우동기와 김병준은 63빌딩에서 만났습니다.
　63빌딩 중식당에서 만났는데 최교일은 그 자리에
　안 왔습니다."

변호인　"어떤 일로 만났나요?"

최성해　"그때 아마 우동기 교육감이 교육감이 되고
　김병준 의원이 한 번 보자고 해서 만났지요.
　식사를 내겠다고 해서. 그런데 셋이서 옛날부터
　원래 좀 친합니다."

심병철
대구 MBC
기자

"우동기 교육감이 교육감 되고 축하하는 자리,
식사하는 자리였다고 이야기했지요. 사실 그때는
우동기 전 교육감이 교육감을 그만두고 총선에
나올까말까를 저울질하는 그런 시점이에요.
우동기 교육감은 사실 2선까지 했었거든요. 그
시점이 맞지 않는 거예요. 그 말 자체도."

전 동양대 관계자 "총장님이 국회의원 나온다는 이야기
　　　　　　　　돌아서요."

최성해　　　"야당이 공천도 해준다고 했고 비례대표도
　　　　　　5번 안으로 준다고 했는데 안 나간다.
　　　　　　나섰다가 안 나간다고 내가 최종 결정지었어."

심병철   "국회의원 선거가 있기 한 2-3개월 전인 2020년
         2월. 그 무렵 자기 최측근과 나눈 대화에서 그런
         내용들을 이야기한 거지요. 공천 이야기도 한
         거고요."

    대구 MBC 심병철 기자는 2020년 12월부터 동양대학교
최성해 총장을 밀착 취재해왔다.

심병철   "녹취한 분량이 굉장히 많습니다. 측근들이지요.
         그분들이 최성해 총장하고 대화하거나 전화한
         내용들을 웬만하면 다 녹취를 하셨더라고요.
         그분들 말로는 말을 자꾸 바꾼다고 하더라고요.
         또 놀라운 게 뭐냐면 조국 전 장관에게 자기가
         의도적으로 좀 강하게 했다는 거예요.
         1심에서 가장 중요한 증거가 최성해 전 총장의
         증언입니다. 그 증언을 기반으로 해서 정경심
         교수가 유죄를 받았거든요. 그 증언을 뒤집는
         최성해 전 총장의 육성 녹취록이 나왔잖아요.
         그러면 이 증언이 사실인지 아닌지를 따져봐야
         되는 과정이 필요하다고 보는 거지요."

최성해 "나는 그때는 이제 위기절명이었어. 왜
     위기절명이었냐면 정경심 교수가 우리 학교에
     있는 한 우리 학교가 이상하게 흘러가게 될
     거고. 하나는 뭐냐면 조국이 대통령 되면
     법무부장관돼서 그 순서대로 밟아가게 되면
     우리나라 망한다, 이 생각을 한 거야."

〈2021년 7월 27일〉

MBC
앵커
"최 전 총장의 육성 녹취록과 관련 보도가 정겸심
교수의 2심 재판의 주요 증거로 제출됐습니다.
다음 달 2심 선고를 앞두고 재판 결과에 새로운
변수가 될 전망입니다."

〈2021년 8월 12일〉

MBC
앵커
"조국 전 장관의 배우자인 정경심 교수 사건을
심리해왔던 2심 재판부가 어제 입시비리와
관련해서 1심 판결을 그대로 인정해 징역 4년형을
유지했습니다. 2심 재판에서 쟁점이었던 최성해
전 동양대 총장의 육성 녹취록은 증거로 채택되지
않았습니다."

심병철	"심리를 제대로 하지 않고 판결 내는 것을 어떻게 저희들이 인정할 수 있습니까. 저는 인정할 수 없습니다."
박효석 시사 유튜버 (빨간아재 운영)	"그러니까 항소심 재판부의 판결문을 보면 중요한 쟁점에 대한 판단을 빗겨나가요. 정경심 교수의 무죄를 증명하는 뒷받침될 만한 근거가 되면 판단을 하지 않겠다라면서 제쳐버려요. 심지어 정경심 교수 1심 판결문에는 사실과 다른 허위 내용이 기재돼 있어요. '최성해 전 총장은 이 법정에서 김병준, 우동기를 만난 적이 없다고 증언하였다.' 이렇게 기재돼 있어요."

이 위조되었다는 허위진술을 하기로 협의하였다는 취지로 주장하고 있는바, AK는 이 법정에서 위 날짜에 AM(김병준), AN(우동기)을 만난 사실이 없다고 진술하였고⋯
　　　—서울중앙지방법원 제25-2 형사부 판결문 표지

조국   "정 교수는 그 당시 그 시점에 자신의 생각으로
허용되는 범위 내에서 증명서를 발급받아서
제출했다고 생각하고 있고 그것을 불법이라고,
범죄라고 생각해본 적이 없었던 것 같습니다.
무참한 심정 같아요. 단어를 하나로 하자면
무참한 심정을 갖고 있는 것 같아요."

조국   "여보세요? 음, 그래. 일어났니?

그렇게 판단을 한 거고, 결정은 재판부가

하는 거지. 그거는 알 수가 없어. 기일을 언제

결정할지는 재판부가 선택하는 거야.

아빠가 알아서 할게. 아빠가 할 수 있어. 너는

편지보내. 컨디션은 어떠냐?

마음 편하게 먹고, 굳게 생각해. 그래 힘내라.

응응. 우리 딸내미."

조국 "애는 정말 유탄을 맞은 거예요. 열심히 살았고
고등학교 시절 봉사활동 가서 증명서 받아왔고
대학 시절도 봉사활동 가서 증명서 받아왔는데
아빠가 법무부장관 후보자가 되면서부터 자신의
생활기록부에 있는 하나하나의 기록들이 모두
압수수색 대상이 되더니 그게 정확하지 않다는
이유로 엄마가 기소되고 본인은 대학과 대학원
입학이 취소되는 위기에 있는 거지요.
이런 상황에서 일거수일투족이 감시당하고
공격받는 상황을 저의 딸은 공인의 딸로서 그걸
감수해왔습니다."

조국   "혼자 사는 딸아이한테 밤 10시에 가서 문을
두드립니다. 남성기자 둘이… 남성 둘이
두드리면서 나오라고 합니다. 그럴 필요가 어디
있습니까. 그래야 하는 것입니까.
저희 아이가 벌벌 떨면서 안에 있습니다. 그렇게
생활해야 되는 것이 맞습니까. 부탁드립니다.
제가 언론인 여러분께 정말 이것은 부탁드립니다.
저를 비난해주십시오."

조국 "저희 딸이 자기는 괜찮다고 아빠를 오히려
격려하는 스타일이지만 지난 3년간 내면의
상처를 많이 입었을 것 같습니다. 인간이니까요.
아들은 지금은 군대에 가 있는데 마찬가지로
그런 과정에서 마음의 상처가 깊어졌을 거라고
생각합니다. 2019년 하반기에는 저희는 완전히
단절돼 있었어요.
제가 잘 아는 선배로 시인이신 분이 술에 취해
가지고 이러더라고요.
'나 같으면 못 버텼을 거야. 나 같으면 못 버텼을
거야.' 그러면서 막 우시는 거예요.
제 친한 분들 중에 정신과 의사들이 있어요.
연락이 와서 꼭 상담받아야 된다고 얘기를
하더라고요. 그런데 지금은 경황이 없으니까
상담을 못 받고 있지요.
일정 시간이 지나면 저는 그런 상담과 치유의
과정이 필요하지 않을까 생각합니다."

〈2022년 1월 27일〉

연합뉴스
앵커

"대법원이 다음 주 자녀 입시와 사모펀드 관련
비리 등으로 징역 4년을 선고받은 조국 전
법무부장관의 부인 정경심 씨에 대한 선고를
내립니다. 동양대 PC를 증거로 인정할지가
변수로 떠오른 가운데 이번 판결은 조 전 장관
재판에도 영향을 미칠 전망입니다.
정 전 교수는 1심과 2심에서 징역 4년을
선고받았습니다. 관건은 대법원이 자녀
입시비리의 핵심 증거인 동양대 강사휴게실 PC를
증거로 인정할지 여부입니다."

박효석

시사 유튜버
(빨간아재
운영)

"1심에서 정경심 교수 측에서는 제대로 된 반박을 할 수가 없었어요. 오로지 정 교수의 기억에 의존해서 10년 전의 기억을 이야기할 수밖에 없었어요. 왜냐하면 검찰은 이 PC를 포렌식해서 파일들을 선별해내고 증거로 제출하고 했단 말이에요. 그런데 정 교수 측에서는 그럴 수가 없었던 거지요. 그런데 변호인단을 도와서 포렌식을 직접 해주는 IT 전문가가 나타났습니다."

박지훈

IT 회사
대표

"검사 측의 공세를 방어하기 위해서 가장 핵심적인 자료이자 증거는 강사휴게실 PC들의 복제본과 포렌식 분석 보고서입니다. 그런데 그걸 검사 측에서 너무 늦게 넘겨줬습니다. 검사 측에서는 계속 그걸 가지고 재판에서 공격은 물론이고 언론플레이까지 하고 있었는데, 변호인 측에서는 그런 내용을 전혀 모르는 상태라 제대로 대응을 하지 못하는 상황이 되어 있었던 거지요."

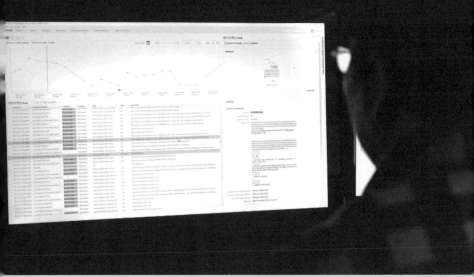

박지훈 대표는 *30년 경력의 IT 전문가로서 작은 소프트웨어 개발 회사를 운영하고 있다.*

그는 정경심 교수 1심 재판이 진행되던 2020년 7월 초부터 변호인 측 검찰 포렌식 분석 보고서 검토, 자체적인 포렌식 작업 등을 진행해왔다.

박지훈   "처음에 그 분석 보고서 25건을 받았을 때는 말
그대로 압도되는 느낌이었습니다. 일단 보고서
내용의 양부터 방대했고, 보고서들에 등장하는
표현들이 확신에 찬 듯한 단정적 표현들로
가득했거든요. 그런데 보고서들을 하나씩 하나씩
분석하다 보니 IT 지식이 있는 사람으로서는
어처구니가 없는, 말도 안 되는 주장들을
늘어놨다는 걸 알게 됐어요."

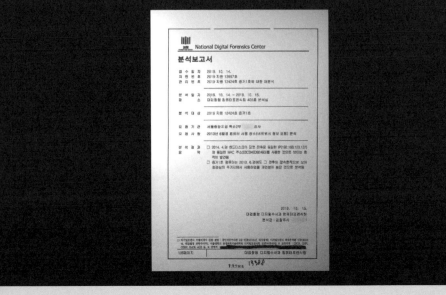

2013년 6월경 컴퓨터 사용 장소를 분석한 보고서

박지훈 "강사휴게실 PC 1번. 검사 측이 공소사실에서
동양대 표창장이 위조됐다고 하는 일시가
2013년 6월 16일 오후 2시부터 5시 30분 사이
정도입니다.
제가 분석한 결과에서도 그 시점에 PC 1번에서
표창장 파일이 만들어진 흔적들은 똑같이
보입니다. 그런데 그 시점의 PC 사용자가 정경심
교수냐 아니면 다른 제3자냐, 이것이 가장 중요한
문제였는데요. 검사 측은 그걸 정경심 교수로
특정하기 위해 '당시 PC 1이 자택에 있었다'라고
주장한 것이지요."

IIII 검찰 National Digital Forensics Center

나. 분석결과

1) [2016. 12.경 마지막으로 사용하였을 당시의 네트워크 정보 분석]

가) 증거1호 컴퓨터는 2016. 12. 26.경 마지막으로 사용하였고 당시의 네트워크 정보는 다음과 같다.<표1> 참조)

할당된 사설 IP : 192.168.123.137 (2016. 12. 26.개 최종 할당)

<표1>   분석 화면 캡처 (분석도구 : EnCase V8)

지원12466호 증거1호

할당된 사설 IP : 192.168.123.5

나) 2019지원12783호 분석보고서에 의하면, 조 경욱이 임의제출한 HDD(2019 지원12466호 증거1호)에 마지막으로 할당된 사설 IP는 다음과 같은 바, 분석결과 위 가항의 IP와 동일 대역의 IP 주소를 사용한 것으로 확인이

박지훈   "검사 측이 확보한 PC들 중에 증거번호 12466으로 되어 있는 자택에서 사용했던 PC가 있습니다.
거기서 나온 내부 사설 IP 주소가 192.168.123.5였습니다.
그런데 PC 1번의 최종 IP 주소가 192.168.123.137로 되어 있었거든요.
앞부분이 비슷한 것을 '대역대가 같다'라고 표현하는데 검사 측은 192.168.123까지가 같기 때문에 '이건 같은 위치에서 사용된 걸로

192

보인다'라고 결론을 낸 겁니다.

그런데 이것을 비유하자면 '서울에 있는 어떤 초등학교의 3학년 2반과 부산에 있는 어떤 중학교의 3학년 1반은 지리적으로 같은 위치다'라고 결론을 낸 것과 같은 거예요. 192.168.123 대역대가 나오는 것은 전국에 깔려 있는 수십만 대 이상, 아마 100만 대 단위일 겁니다. 100만 대 단위의 공유기에서 공통적으로 쓰고 있는 대역대입니다. 그래서 이걸 보고 '위치가 같은 곳이었을 것이다'라고 특정한다는 게 전혀 말도 안 되는 엉터리 같은 얘기인 거지요."

National Digital Forensics Center

2) [2013. 6.경 전후 증거1호의 네트워크 정보 분석]

가) 증거1호 이미지의 비할당영역에서 위 1) 가항의 IP(192.168.123.137)에

관한 정보를 키워드 분석한 바, 다음과 같은 사실을 확인하였다. <표> 참조

- 하드디스크 포맷 이전인 2012. 7. 17.경부터 2014. 4. 6.경 사이에 192.168.123.137

IP가 할당된 흔적 22건이 복원되었고, 주요 접속내역은 다음과 같다.

- ❶ [2012-07-17] 192.168.123.137 컴퓨터에서 마이크로소프트사의 시간동기화 서버

(65.55.21.13)에 접속하였다.

- ❷ [2013-08-30] 192.168.123.137 컴퓨터에서 마이크로소프트사의 시간동기화 서버

(65.55.21.13)에 접속하였다.

- ❸ [2013-11-09] 192.168.123.137 컴퓨터에서 한국투자인터넷 방화시스템에 접속하

였다. 특이 복원된 인터넷 주소에서 증거1호 컴퓨터의 네트워크 카드의 MAC 주소

[00CB4ED9246D]가 확인되었다.

박지훈 　 "검사 측이 '사설 IP로 위치를 추정한다'라고
썼던 그 같은 보고서의 후반부에 보면,
'192.168.123.137 IP, 즉 137 IP가
2012년부터 2014년까지 지속적으로 22번이
나왔다'라고 기록되어 있습니다. 그 기간 사이에
표창장 파일 제작일인 2013년 6월 16일이
포함되어 있으므로 그때도 PC 1번은 자택이라는
137 IP를 사용하고 있었다고 주장한 거였지요.
그런데 실제로는, 이 137 IP가 나온 것은
2012년에는 7월에 한 번뿐이었고, 그 이후로는
2013년 8월 말에야 다시 나왔습니다. 중간에
1년 이상이 통째로 비어 있고, 검사 측 자료에는
그 사이에 IP 흔적이 아예 없습니다. 표창장이
만들어졌다는 날짜를 포함한 1년 사이에 검사
측이 주장하는 137 IP가 안 나온 거지요.
검사 측은 이렇게 1년 이상의 큰 공백이 있다는
중대한 사실을 숨기고, 마치 연속적으로 22번이
나온 것처럼 포장한 보고서를 내놨습니다.
그런데 그 기간에도 PC 1번은 사용됐는데 IP
주소만 안 나올 리가 없지 않습니까. 그래서 다시
조회를 해봤더니 그 기간에 검사 측의 포렌식
분석 보고서에는 아예 누락되어 있던 새로운

두 가지 IP가 더 나왔던 겁니다. IP 주소가 남아 있었던 거지요. 검사 측이 자택이라고 주장하는 137 IP와는 전혀 다른 주소들이었고요.

제가 보기에는 검사 측이 이 두 개 IP 주소를 은폐했던 걸로 보입니다. 기술적으로 매우 단순한 검색 한 번이면 찾아낼 수 있는 거였는데, 국내 최고의 포렌식 전문가들이 다수 포진해 있다는 대검 포렌식센터가 이렇게 지극히 간단한 걸 못 찾았다고 믿을 수가 없습니다.

은폐한 두 가지 IP 주소들이 자택에서 최종적으로 나왔던 IP 주소와 다르기 때문에 검사 측으로서는 은폐할 이유가 됐을 거라고 생각합니다."

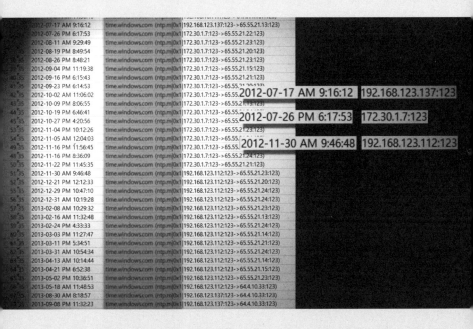

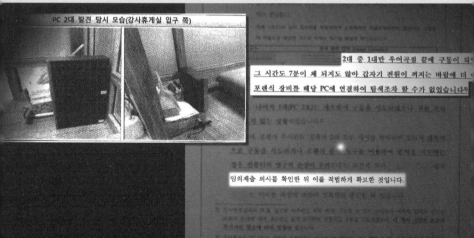

PC 2대 발견 당시 모습(강사휴게실 입구 쪽)

2대 중 1대만 우여곡절 끝에 구동이 되어
그 시간도 7분이 채 되지도 않아 갑자기 전원이 꺼지는 바람에 디
포렌식 장비를 해당 PC에 연결하여 탐색조차 할 수가 없었습니다.

임의제출 의사를 확인한 뒤 이를 적법하게 확보한 것입니다.

박지훈　"검사 측은 2019년 9월 10일 강사휴게실 PC들이
임의제출됐던 당시, 이 PC들이 '뻑났다'라고
주장을 했지요. 그래서 '강제 종료가 됐기 때문에
현지에서 선별 압수를 하는 게 불가능했고 그래서
통째로 가져왔다'라고 주장했습니다."

198

박지훈 "항소심 날짜가 잡힌 이후에야 강사휴게실 PC
1과 PC 2의 실제 증거들인 하드디스크 복사본
내용을 분석하기 시작했는데, 검찰이 규정하는 그
'비정상 종료' 주장에도 뭔가 허위가 있다라는 걸
그때 처음 알게 된 거지요.
윈도에 익숙한 IT 전문가라면 누구라도 생각할
수 있는 게 '이벤트 로그'입니다. 윈도 자체에서
중요한 어떤 에러나 경고 사항 같은 게 나오면 그
메시지들을 다 기록해놓은 로그인데요.
그 이벤트 로그를 뒤져봤더니 임의제출 직전
상황, 검사 측이 동양대에서 컴퓨터를 켜봤던
당시의 상황이 나온 겁니다. 그랬더니 비정상
종료로 볼 수 있는 흔적이 단 하나도 안
나왔습니다. 오히려 정반대로, 사용자가 끄기
시작해서 최종적으로 PC가 딱 꺼지는 순간까지의
기록이 다 남아 있어요. '픽' 하고 꺼졌는데 종료
과정이 모두 기록되어 있을 수 있겠습니까. '뻑난'
게 아니라 당시 사용자인 검찰 수사관들이 스스로
끈 거예요."

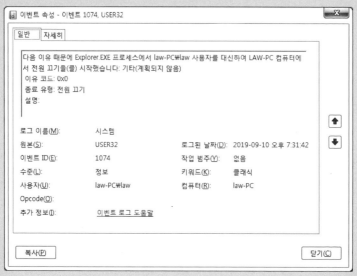

이벤트 속성 - 이벤트 1074, USER32

일반 | 자세히

다음 이유 때문에 Explorer.EXE 프로세스에서 law-PC\law 사용자를 대신하여 LAW-PC 컴퓨터에서 전원 끄기를(를) 시작했습니다: 기타(계획되지 않음)
이유 코드: 0x0
종료 유형: 전원 끄기
설명:

로그 이름(M):   시스템
원본(S):   USER32   로그된 날짜(D): 2019-09-10 오후 7:31:42
이벤트 ID(E):   1074   작업 범주(Y):   없음
수준(L):   정보   키워드(K):   클래식
사용자(U):   law-PC\law   컴퓨터(R):   law-PC
Opcode(O):
추가 정보(I):   이벤트 로그 도움말

복사(P)   닫기(C)

이벤트 속성 - 이벤트 13, Kernel-General

일반 | 자세히

운영 체제가 시스템 시간   2019 - 09 - 10T10:32:23.654568400Z에 종료됩니다.

로그 이름(M):   시스템
원본(S):   Kernel-General   로그된 날짜(D): 2019-09-10 오후 7:32:23
이벤트 ID(E):   13   작업 범주(Y):   없음
수준(L):   정보   키워드(K):
사용자(U):   해당 없음   컴퓨터(R):   law-PC
Opcode(O):   정보
추가 정보(I):   이벤트 로그 도움말

복사(P)   닫기(C)

원심은 당심(當審)에서 확인한 'PC 1의 정상 종료 사실'을 간과했습니다.

PC 1의 포렌식 분석 결과를 살펴보면 기술적으로 현장에서 선별 압수가 가능한 상태였습니다.

강사휴게실 PC 1은 형사소송법 제219조, 제106조 제1항, 제3항을 위반하여 압수되었습니다.

　—동양대 강사휴게실 PC와 동양대 표창장 위조 부분 관련
　　변호인 의견서

박지훈   "변호인단이 비정상 종료 문제 외에도 결정적인 다른 반대 증거들을 많이 가져갔기 때문에 공판이 잘 진행될 거라고 믿고 있었습니다.

그런데 갑자기 변호인단에서 '큰일 났다, 반대 자료가 나왔는데 우리 증거가 뒤집어지는 것 같다'라고 하면서 검사 측이 비정상 종료가 된 걸로 보이는 어떤 자료를 내놨다는 거예요. IT 전공을 한 변호사인데도 당시에는 완전히 속은 거지요. 이 자료가 검사 측이 항소심 공판 중에 PPT로 제시했던 화면입니다."

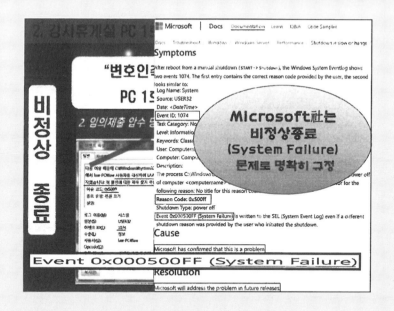

박지훈   "검사 측은 마이크로소프트사의 문서를 하나
제시하면서 '마이크로소프트사도 이 이벤트를
비정상 종료라고 명확히 규정했다'라고
주장했습니다. 그런데 실제 그 문서의 내용은
사실상 정반대 의미였습니다."

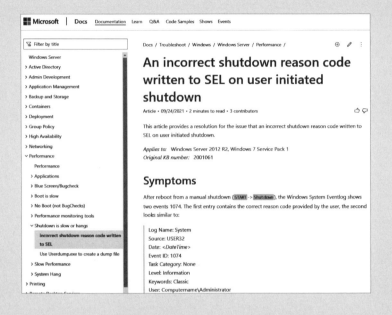

박지훈 "해당 마이크로소프트사의 페이지를 보면 문서의
제목과 초록이 있습니다. '사용자가 윈도 종료를
했는데 잘못된 에러 코드가 나온다'는 뜻의
제목과 설명이 붙어 있어요. 검사 측의 주장과
전혀 다른 뚱딴지 같은 내용인 거죠.
검사 측은 그 제목을 편집해서 지웠어요. 원본
그대로가 아니라 이미지 편집을 한 것이지요.
그리고 그것만 잘라내면 이상하니까 사이트
메뉴가 있는데 그 부분도 없애버리고, 그 위에
'마이크로소프트사도 이 에러 코드들을 비정상

종료로 규정한다'는 배너를 큼직하게 하나
박아놓고, 이렇게 장난을 쳐놨어요. 그 배너 뒤의
문서 내용이 검사 측 주장과 전혀 상반된 설명을
하고 있다는 걸 재판부에서 눈치채지 못하게요.
어떻게 검사가 법정에서 이렇게 치졸한 짓까지
다 해가면서… 이 PPT 하나에만 이런 기가 막힌
조작이 5-6가지가 더 있습니다. 아주 조작질의
끝판왕인 셈이지요."

〈2021년 12월 24일 서울중앙지방법원〉

박효석
시사 유튜버
(빨간아재
운영)

"김○○ 조교가 제출했던 강사휴게실 PC 1, 2 그리고 김경록이 임의제출했던 서재 PC와 조원 PC… 그것 자체는 증거능력을 인정 안 하겠다고 했습니다."

박종호
정경심 교수
지인

"강사휴게실에서 나온 PC로 검사들이 정경심 교수를 기소했고 1, 2심 증거로 몰고갔던 건 이제 안 하게 된 거예요. 큰 거지요. 엄청 큰 거예요. 이 재판 시작하고 정경심 교수에게 유리한 선고는 이번이 처음이에요. 적어도 끊임없이 정경심 교수님과 변호사님이 요구했던 것을 재판부가 처음으로 받아들인 의미가 있고요."

KBS
앵커

"조국 전 법무부장관 부부의 자녀 입시 비리 사건을 심리 중인 서울중앙지법 형사합의21부가 검찰이 주요 증거로 제시한 동양대 강사휴게실 PC 등을 증거로 채택하지 않기로 했습니다."

박효석 　"여러분 안녕하십니까. 빨간아재입니다. 금요일 크리스마스이브인데 오후 5시 반에 여러분을 찾아 뵙습니다.

오늘 법원에서 '증거능력을 인정하지 않겠다'는 결정이 나오리라고 누구도 예상하지 못했습니다. 검사가 9명가량 법정에 들어왔는데요. 부장검사가 먼저 일어나서 이의를 제기했습니다. 또 다른 부장검사가 일어나서 '강하게 유감이다. 저희는 전혀 납득할 수 없다'고 강력하게 항의했습니다. 지난달 18일이었지요. 11월 18일 한 달여가 지났는데 대법원 전원합의체의 아주 중요한 선고가 있었습니다. '어떤 전자정보 저장 매체에 휴대폰이나 컴퓨터 또는 하드디스크 같은 전자정보 저장 매체를 제3자가 임의제출할 경우 실질적인 전자정보의 소유자, 즉 피의자의 참관 없이 마구잡이로 증거를 추출해내는 것은 절차상 위법하다. 위법하게 수집된 증거다'라는 선고가 있었습니다."

〈2022년 1월 27일〉

KBS
앵커

"입시비리 혐의 등으로 기소된 정경심 전 동양대
교수에 대해서 오늘 대법원 선고가 내려집니다.
1, 2심에서는 징역 4년의 실형을 선고받았는데요.
총장 직인이 발견된 PC에 대해서 정 전 교수
측은 위법하게 수집된 증거라고 주장하고 있는데
그 증거능력이 인정되느냐가 핵심 쟁점이 될
전망입니다."

박효석   "상고기각 선고가 나왔고요. 중요 사건이라서
간단하게라도 이유를 설명할 줄 알았는데 이유
설명도 전혀 없이 상고를 모두 기각했습니다. 즉
징역 4년이 확정된 겁니다."

박성태
유튜버   "대한민국의 사법부는 사망했다. 대한민국
법은 사사로이 집행하는 법이다.
기득권자들, 검찰 권력자들한테는 어마어마한
혜택과 아량을 베푸는 게 대한민국 사법부다.
그런 생각이 듭니다."

장경욱 "저는 100% 파기환송될 줄 알았어요. 다른
가능성이 보이지 않았었거든요.
파기환송이 안 되면 제가 해보고 싶었던 모든
기회가 이제 다 사라지는 거니까 1, 2심 판결
때하고는 달랐어요. 슬프다, 실망이다 이런
감정도 없이 그냥 깜깜했어요. 그 순간은.
그런데 이런 방식으로 유죄가 났고 판결을
해왔다는 것이 저한테 주는 자신감이 있어요.
그러니까 그들이 제가 잘 모르는 사실들을
확인해서 유죄를 내렸다면 제가 할 말이 없을
것 같아요. 하지만 이번 대법원 판결문에서 나온
어떤 몇 가지를 쭉 보다보면 제가 아는 것과 너무
다르니까 이런 식으로 유죄라고 하는 거를 제가
받아들일 수는 없는 거지요."

장경욱   "판결문에 보면 '각 PC는 동양대 관계자가
공용으로 사용하거나 기타의 방법으로
임의처리할 것을 전제로 3년 가까이 보관하던
것으로' 나와 있어요. 그런데 그런 일은 없었어요.
그 PC는 정경심 교수가 직접 자기 이름을
써붙여서 보관해둔 것이에요. 저도 법정에서
증언했고, 당시 근무하던 조교도 그걸 기억해서
사실확인서를 냈었어요. 그다음은 '김○○ 조교가
강사휴게실과 그 안의 물건을 관리하고 있었다'고
나와 있는데요. 그런데 법정에서는 어떤 일이
있었냐면요."

〈2020년 3월 25일 서울중앙지방법원〉

검찰   "증인이 처음으로 교양학부 조교로 왔을 때
2019년 3월 1일자로 왔다고 했는데 그때
전임자로부터 어떤 내용을 인수인계 받았는지
간략하게 설명해줄 수 있나요?"

김○○   "비품 같은 것은 학교에서 가지고 있는 것도 있고

동양대학교 교수님들이 그냥 창고 형식으로
조교   쌓아놓는 경우도 있으니까 니가 알아서 잘
확인해서 갖다달라면 갖다주고 하라고…"

검찰   "그러면 증인은 인계받을 당시에는 누군가가
이 컴퓨터를 되찾으러 올 수 있는 물건이라고
생각하고 보관하고 있었던 것은 아니었지요."

김○○   "그런 생각은 할 수 있었습니다."

장경욱 "저 컴퓨터 두 대 보이지? 저거는 퇴직한 교수님
        것이니까 확인하고 네가 반납할 건 반납하고
        아니면 알아서 해'라고 들었다는 것이 조교의
        진술이에요. 그런데 대법원 판결문을 보시면
        '확인하고'가 빠져 있어요."

 "퇴직자들이 놔두고 간 물건이니 학교 당국에 반납하거나
알아서 처리하라'고…"
    ─대법원 판결문

장경욱 "제가 가장 경악스럽게 생각한 건 뭐냐 하면
        나아가 조교의 진술에 따르면 '각 PC의 사용을
        희망하는 교수가 있을 경우 이를 제공하려고
        했다는 것이다'라는 문장이 있어요."

 "나아가 조교의 진술에 의하면, 이 사건 각 PC의 사용을
희망하는 교수가 있을 경우 이를 제공하려고 하였다는
것이다."
    ─대법원 판결문

장경욱 "조교가 자기 마음대로 처분할 권한이나 의향이
        있는 것처럼 들리잖아요. 조교는 법정에서 그렇게
        진술하지 않았어요."

〈2020년 3월 25일 서울중앙지방법원〉

김○○   "만약에 교수님들이 학교 측에서 반납을 해라.
동양대학교   이게 학교 자산 스티커가 붙어 있으면
조교   반납을 하라고 하면 반납하면 되고, 그다음에
            전임자 분이 갑자기 학교에 놀러오셔서 이거 내
            컴퓨터인데 내가 가져가야 된다라고 하시면…"

검찰   "누군가 전임자라는 분이 나타나서 이거 내
            거니까 내가 가져가겠다고 하면 줄 수도
            있었다라고 생각했다는 것이지요?"

김○○   "네."

답   강사휴게실은 보통 강사님들이 수업시간 외에 계실 데가 없으니까 거기에서 쉬시기
      도 하고 차 시간이 약간 빠듯하기 전에 넉넉하면 거기에서 잠깐 쉬시기도 하고, 쉬시
      는 곳입니다.
문   주로 강사분들이 쉬시는 곳인가요.
답   예.
문   강사휴게실이 강사들이나 교수들의 휴식 공간으로 사용되는 것은 맞나요.
답   교수님들은 교수 연구실이 있어서 쉬셔지는 않으십니다.
문   증인이 처음에 교양학부 조교로 왔을 때 2019. 3. 1자로 왔다고 했는데 그때 전임자로
      부터 어떤 내용을 인수인계 받았는지 간략하게 설명해 줄 수 있나요.
답   전임자가 학교에 인수인계표라는 것을 줍니다. 그래서 그것 관련해서 하고, 강사휴게실
      청소만 하라고, 강사님들 편하게 쓰시는 분들 있으니까 그렇게 하고, 그 다음에 안에
      비품 같은 것은 학교에서 가지고 있는 비품도 있고 교수님들이 그냥 창고 형식으로 쓸
      아놓는 경우도 있으니까 니가 알아서 잘 확인해서 갖다달라면 갖다주고 하라고 그렇게
      만 얘기했습니다.
문   인수인계표가 있었다고 했는데 거기에는 어떤 내용이 기재되어 있나요.
답   저희 조료들이 하는 업무사항 같은 것, 그리고 미술실에 따로 실험실로 꽐혀 있는데
      그런 것 관련해서도 쓰고, 업무 관련해서 대략적으로 씁니다.
문   증인이 전임자로부터 인계받은 비품들은 구체적으로 어떤 것들이 있었는지 기억나는데
      로 말해 줄 수 있나요.
답   비품 같은 것은 강사휴게실의 소파 컴퓨터, 필상 빔프로젝터 일자가 꽂입니다.

장경욱

"우리는 그런 자료들이 너무 중요하다 생각해서
정말 힘들여 말하고 힘들여 제출한 건데 모두
외면을 당했습니다. 세상이 원래 이랬는데 제가
몰랐던 건지 우리 모르게 세상이 변해온 건지
모르겠지만 광기가 노골화되어 있는 세상이라는
건 명확히 알겠어요.
제가 갖고 있는, 제 몸으로 기억하는 그 기억과
얘기들, 이 조각들을 모아 기록을 해서 저는
언젠가 제대로 평가받을 수 있게 하는 데 제가
도움을 줘야 하지 않나 생각하고 있습니다."

박준호

조국 전
장관 동생
지인,
광고회사
대표

"지금 내가 21세기에 살고 있는 사람이 맞는가
싶어요. 전근대적인 사회에서 언론이 통제되고
조작되는 사회에 살고 있는 것 같아요. 영화나
드라마에 나왔던 소재 같아요. 하지만 그런
일들이 지금 제 앞에서 그리고 우리 앞에서
실제로 일어나고 있는 일이에요. 당하기 전까지는
아무도 알 수 없는 일이라는 거지요.
저는 정치에는 관심도 없지만 아주 정치적인
사람이 될 수밖에 없는 게 지금의 제 상황이에요.
다른 모든 사람들도 저와 마찬가지 상황이
벌어지지 않는다고 과연 누가 보장할 수

있을까요?"

박효석   "제가 해야 될 일이 남았어요. 세월이 지난
뒤에라도 '사람들이, 시민들이 언론을 통해서
접했던 것 말고 다른 측면이 있었답니다, 여러분.
그것이 이런이런 과정을 통해서 반영이 되지
않았고 묻혔을 뿐입니다'라고 활용될 만한 기록을
남기고 싶어요."

박지훈   "이 재판에서 주요한 무죄 증거들이 다 무시되고
판결이 내려졌기 때문에 재심이 반드시 이뤄져야
된다고 생각합니다. 가능성이 없지 않다고
보고 있습니다. 언젠가는 재심이 열릴 수 있을
것이고요. 그게 1년 후일지 10년 후일지 모르지만
제가 늙어 죽기 전이라면 반드시 재심이 열릴 수
있도록 할 겁니다. 지금도 몇 가지 더 찾아보고
있는 중입니다."

조국   "어떤 길이 있을지는 아직 모르겠습니다. 한치
앞이 안 보이는 큰 캄캄한 터널인데요. 터널을
빠져나가면 그때 길들이 있겠지요.
그때는 제 이전과는 다른 삶일 수밖에 없을
것 같아요. 그것이 무엇일지는 저는 잘
모르겠습니다."

영화「그대가 조국」
제작상영 일지

2022년 4월 25일 텀블벅 시작

텀블벅 펀딩 시작 3시간 만에 목표액 5,000만 원을 달성하고,
시작 당일 1억 원을 돌파했으며 26억 원으로 펀딩을 마감했다.

2022년 5월 1일 전주국제영화제

전주국제영화제에서 전주 완산구 전주돔 2,300석을 가득 채우고
영화를 상영했다.

2022년 5월 6일 무대인사

메가박스 상암점에서 이승준 감독, 감병석 · 양희 · 진모영
프로듀서 등이 참석해 무대인사를 진행했다.

2022년 5월 10일 언론·배급 시사회

CGV 용산아이파크몰점에서 첫 언론·배급 시사회가 있었다.
이승준 감독, 감병석·양희·진모영 프로듀서와 빨간아재 박효석이
기자들의 질문에 답했다.

2022년 5월 21일 빨간아재 구독자 초청 특별 시사회

천안에서 빨간아재 구독자를 초청해 시사회를 열었다. 이날 관객과의
대화는 촬영하여 빨간아재 유튜브 채널에 업로드했다.

2022년 5월 24일 텀블벅 리워드 상영회

메가박스 코엑스점에서 텀블벅 리워드 상영회를 진행했다.

2022년 5월 25일 극장 개봉

사전 예매 3만 명을 넘어서며 예매 순위 1위에 오른 「그대가 조국」이
전국 660개 스크린에서 상영할 준비를 마치고 개봉했다.

2022년 5월 26일 첫 일반 관객과의 대화

인디스페이스 홍대점에서 오동진 평론가가 진행하고 이승준 감독,
진모영·양희·감병석 프로듀서 그리고 박지훈 대표가 참석한 첫 일반
관객과의 대화가 있었다.

2022년 5월 27일 일산 시사회

메가박스 일산 벨라시타점에서 개봉 기념 특별 시사회가 열렸다.

2022년 5월 28일 롯데시네마 센텀시티

부산 해운대구에 위치한 롯데시네마 센텀시티점에서 빨간아재 박효석,
이승준 감독 등이 참석한 스페셜 시사회가 진행됐다.

2022년 5월 29일 개봉 4일째 10만 관객 돌파

2022년 6월 1일 개봉 7일째 20만 관객 돌파

2022년 6월 8일 개봉 14일째 30만 관객 돌파

2022년 6월 11일 광주극장 특별 시사회

한국에서 가장 오래된 단관 상영관인 광주극장에서 특별 시사회를 열었다.

2022년 6월 12일 개혁국민운동본부에서 진행하는 스페셜 시사회
메가박스 코엑스점에서 이승준 감독, 이종원 프로듀서,
김남국 국회의원이 함께 특별 시사회를 개최했다.

2022년 6월 18일 더숲 아트시네마 시사회

더숲 아트시네마에서 진모영·감병석 프로듀서와
박지훈 대표가 진행하는 특별 시사회가 열렸다.

2022년 6월 19일 해외 첫 상영(시드니)

호주한인교육문화센터가 주최해 시드니 Event Cinemas에서 영화를
상영했고, 전 좌석이 매진됐다.

2022년 6월 19일 언론개혁을 위한 작가들과 함께 보는 특별 상영회
아트나인에서 빨간아재 박효석이 진행하고 박찬우·이정헌 작가가
참석해서 영화에 대한 이야기를 나눴다.

6월 21일 강릉 시사회

강릉 독립예술극장 신영에서 양희 프로듀서가 진행하고 이승준 감독,
빨간아재 박효석이 참석하는 시사회를 열었다.

내가 본 영화

「그대가 조국」

우리 안의 광기, 우리 안의 파시즘

오동진 영화평론가

　다큐멘터리는 종종 선동(煽動)을 한다. 그 안에 송송, 아니 자주 강한 주장을 넣는다. 마이클 무어 같은 감독이 그렇다. 옳고 그름이 정확하게 판단되지 않았을 때 더욱 그런 경향성을 보인다.

　다큐멘터리가 객관적이고 중립적이라는 얘기는 다 헛소리다. 다큐멘터리가 그렇지 못한 건 사람 자체가 편향적일 수밖에 없는 속성을 지니고 있기 때문이다. 모든 인간은 계급성을 지니며 당연히 당파성을 지닌다. 다분히 진영논리를 추구한다. 다큐멘터리도 그렇다. 어느 한쪽의 입장을 강하게 밀어붙이려는 '내심의 선택'이 강하게 작용한다.

　좋은 다큐멘터리는 그래서, 그럼에도 불구하고, 공정하려고 노력한다는 것이다. 공정하다는 것, 이 말을 이 다큐 「그대가 조국」에 대해 말할 때 쓰게 된다는 것은 참으로 아이러니한 일이다. 언제부턴가 한국 사회에서 공정과 정의는 저잣거리의

쓰레기 같은 말이 되어버렸다. 이쪽저쪽, 이놈 저놈이 함부로 막 갖다 쓰면서 공정은 가장 공정하지 않은 말이 되어버렸다. 오죽했으면 선택적으로 공정의 기준과 잣대를 들이대는 사람들을 의미하는 '공정주의자'란 말이 생겼겠는가.

다큐 「그대가 조국」은 시작부터 논란을 안고 만들어진 작품이다. 우파에서는 이를 자기변명을 위한 소모적인 정치 행위라고 비판한다. 한편 그 반대편에서는 일명 '조국 사태'가 얼마나 왜곡된 것이었는지를 밝히려 하는, 거의 유일하게 남아 있는 정당한 저항임을 밝히려 한다. 이래저래 논란이 있을 수밖에 없는 다큐멘터리다.

그런데 정작 주목할 것은 이 다큐를 만든 감독이 바로 이승준이라는 것이다. 이승준은 일종의 정통 다큐멘터리스트다. 그는 정공법으로 작품을 찍는 것으로 유명하다. 이승준은 '뻗치기'의 달인인데 며칠이고 몇 달이고 몇 년이고 자신의 취재 대상 옆에 머물며 순수하게 기록하고 또 기록하고 또 기록하는 인물이다.

그에게는 그 무엇보다 팩트가 중요하다. 이른바 '윤색의 윤리학'도 그에게는 그다지 중요하지 않기 때문이다. 이승준은 사실을 더욱 부각시키기 위해 팩트의 높낮이를 달리한다든지, 팩트의 배열을 다르게 한다든지 하는 일조차 금기시하는 작가다. 그의 전작들 「달팽이의 별」이 그랬고 「부재의 기억」이 그랬으며 「그림자꽃」이 그랬다. 「달팽이의 별」은

2011년 세계 최대 다큐멘터리 영화제인 암스테르담 국제 다큐멘터리영화제에서 한국 최초로 대상을 수상했다.

「그대가 조국」이 충격적인 것은 조국 전 장관 스스로 이 다큐 오프닝 장면에 등장한다는 것이다. 아이러니하게도 사람들은 조국 다큐를 보면서 조국이 직접 출연하게 될 줄은, 약간 과장하면 꿈에도 생각하지 못했을 것이다. 언제부턴가 조국은 억울하게 전 가족이 탄압받는 비극의 주인공으로 이미지화되어 있다. 언제부턴가 조국은 국민의 반으로부터 '내로남불'의 상징이 되어 있다. 그는 언제부터인가 구체가 아니라 추상이 됐다. 자연인 조국은 사라졌다. 그런데 다큐 첫 장면부터 사람들은 조국의 '실제'와 맞닥뜨린다. 그를 지지하는 사람들은 죄책감을 느끼게 된다. 그를 반대하는 사람들은 적잖이 당황하게 된다.

다큐에서 조국은 넥타이를 매고 법정으로 외출 준비를 하고, 달걀 프라이를 해서 밥에 김을 얹어 홀로 밥을 먹는다. 설거지를 하고 밥을 먹다가 딸과 통화를 하기도 한다. 전화는 딸 조민과 하는 것이다. 통화 말미에 그는 딸에게 말한다. "힘내!"

이 다큐멘터리를 찍을 때 조민은 아직 '온전할' 때다. 그때 사람들은 아비가 딸한테 하는 그 말 한마디가 비수처럼 가슴에 꽂히게 될 날이 올 것이라는 걸 예상하지 못했다.

이승준이 조국을 '등판'시킨 것은 명료한 자기 판단이

있어서다. 이승준은 조국이 자기방어권을 온전하게 얻지
못했으며 오히려 거의 완벽하게 무시당했다고 생각하는
것 같다. 그는 조국에게도 기회를 줘야 한다고 생각하되
그것을 과도하게 해서는 안 된다고 판단했던 것으로 보인다.
그래서 이승준은 조국의 일상을 보여주는 데서 더 이상
나아가지 않는다. 그런데 오히려 그것이야말로 조국 스스로
자기방어권을 실현하게 하는 데 큰 역할을 하는 것처럼
느껴진다. 일상적인 것만큼 사람의 진실을 담아내는 행위는
없기 때문이다.

　이런 기법은 이승준의 전작인 「그림자 꽃」에서도 나타난다.
거기서 그는 탈북 여성 김련희 씨의 진심과 그녀를 둘러싼
진실을 알리기 위해 평양에서 살아가고 있는 그녀의 남편과
딸아이의 모습을 보여주는데, 그냥 둘이 마주 앉아 묵묵히
저녁밥을 먹고 있는 장면이다. 그 어떠한 주장이나 주의를
들려주지 않음에도 불구하고 이 장면은 세 명의 이산가족
아닌 이산가족이 하루빨리 만날 수 있게 해야 한다는
생각을 갖게 한다. 「그대가 조국」에서 조국의 출연은 같은
맥락의 의미를 지닌다. 조국 개인 자체에 대한 판단을 어떤
의미에서는 새롭게 하게 만든다.

　다큐멘터리 「그대가 조국」은 친(親)조국이나 조국 수호자가
보기에는 다 아는 내용일 수 있다. 그러나 비(非)조국 혹은
반(反)조국이었던 사람들에게는 매우 새롭고 충격적인 내용일

수 있다. 어쩌면 이 작품은 그런 면에서 비조국·반조국용 영화일 수 있다. 「그대가 조국」은 직접적인 증거나 증좌를 보여주지 않는데 그건 상당히 의도적으로 보인다. 그리고 직접적인 증거나 증언의 나열은 다분히 정치적 쟁점에 불과하다고 이승준은 판단하고 있는 것처럼 느껴진다. 대신 그는 방증을 보여주려 애쓴다. 외곽을 때려 정면을 향해 뚫고 가려고 한다.

이번 다큐에서 조국은 조연이다. 대신 장경욱 교수와 박준호라는 사람이 주연이다. 동양대에서 정경심 교수와 같이 근무했던 장경욱 교수는 '조국 사태'의 핵심인 표창장 위조 문제에 대해 그것이 사실이 아니라는 증거를 찾아내고 법정에서 수없이 밝히려 했으며 언론에 그 사실을 무수하게 말했음에도 결과적으로는 그렇게 되지 못했음을 증언한다. 장경욱은 자신이 진실을 밝히는 일에 실패해서 정경심 교수가 4년형을 받고 억울하게 옥살이를 하고 있다고 생각한다. 그는 이번 다큐에서 눈물을 흘린다.

글을 가지고는 얼마든지 거짓말을 하고 '소설을 쓸 수' 있다. 그런데 면 대 면 인터뷰에서는, 그리고 카메라 앞에서는 그것이 되지 않는다. 일종의 아이 콘택트가 되기 때문이다. 증인이 거짓말을 하면 카메라는 그것을 포착해낼 수 있다. 조국 동생 조권의 지인인 박준호는 검찰에서 '당한' 일을 증언한다. 그는 인간이 당할 수 있는 모욕의 최고치를

경험했음을 증언한다. 검찰이 얼마나 짜맞추기 수사를 하려
했는지에 대해 그는 그냥 온몸으로 밝히고 있는 셈이다.
장경욱, 박준호 두 사람의 증언은 조국이 직접 자신의
억울함을 호소하는 것 이상의, 그 백 배, 천 배 이상의 효과와
효능감을 보인다. 팩트이기 때문이다. 아무리 팩트여도 조국이
직접 얘기하면 호도될 수 있다. 그러나 주변에서부터 파고
들어가는 식의 전법은 그 사실성을 훼손할 일이 거의 없다.

「그대가 조국」이 진짜 충격인 것은 표창장 위조라는 검찰의
주장과 공소유지, 구형 언도가 모두 거짓이었을 수 있음을
강력하게 시사하고 있기 때문이다. 특히 그 직인 논란이
인상적이다. 장경욱 교수는 직인이 찍히게 되는 여러 가지
시뮬레이션을 통해 이 표창장이 가짜가 아니라 진짜였음을
보여주려 한다. 조교의 증언이 덧붙여져 있기도 하다.
강사휴게실 PC가 법적으로 정당한 증거물이 아니라는 컴퓨터
전문가의 논리적·이성적 증언과 증거도 보여준다. 그럼에도
정작 중요한 것은 이 모든 것이 사법부에서는 판단의
고려조차 전혀 되지 않았다는 것이다.

다큐 「그대가 조국」은 조국 사건을 둘러싼 진실 공방을
보여주려 한 작품만은 아니다. 거기서 멈추지 않는다. 그보다
이 다큐는 우리 시대가 만들어낸 집단의 광기를 보여주고
기록하려 한다. 그 광기가 작게는 한 개인과 한 가족을 어떻게
망가뜨렸으며, 크게는 사회와 국가 전체를 돌이킬 수 없는

거짓의 나락으로 빠뜨렸는지를 그려낸다.

집단의 광기는 곧 파시즘이다. 우리는 우리 안의 파시즘을 지난 3년간 뼈저리게 경험한 셈이다. 그 파시즘에 경도됐든 그렇지 않았든 우리 모두는 지난 3년에 대한 책임을 지게 될 것이다. 그런 날이 머지않아, 아주 짧은 기간 안에 도래할 것이다. 「그대가 조국」은 바로 '그런 날'을 준비하는 요한계시록 같은 작품이다.

'두려워할지니, 곧 심판의 날이 다가올지니.'

이승준 감독의 속삭임이 담겨 있다. 그것을 들을 수 있느냐 없느냐는 각자의 몫이다. 심판의 날에 울고불고하지 말아야 할 일이다.

침묵하던 '그대'가 봐야 할 영화

전지윤 시사평론가

원래부터 영화관에 잘 안 가고 있었지만, 코로나 시대가 오면서 영화관을 더욱 안 가게 됐다. 그리고 나이가 들수록 블록버스터 영화들이 시시해진다. 엄청난 대중적 흥행을 하는 영화들은 그래도 뭔가 시대정신을 담고 있다고 생각하려 하지만, 보고 나서 실망한 경우만 늘었다. 요즘도 「범죄도시 2」 「닥터스트레인지」 「쥬라기월드」 같은 영화들은 영 당기지가 않았다.

그래도 「그대가 조국」은 꼭 영화관에 가서 보고 싶었다. 그래서 친구와 얼마 전 보고 왔다. 사실 3-4년 전만 해도 조국 교수에게 별로 우호적인 편은 아니었다. 정치적 입장도 차이가 있었지만 명문대 출신에, 교수에, 인기 있는 지식인이라는 것도 왠지 거리감이 들었다. 그래서 그의 책도 주로 그와의 차이를 확인하고 반박하기 위한 경직된 태도로 찾아보던 기억이 난다.

노동자 투쟁 지지, 소수자 연대, 인권 보호 등 사회운동에서

보내는 각종 연서명과 후원 요청에 조국 교수가 꾸준히
이름을 올리는 것을 반기면서도 꼭 좋은 감정으로만 보지는
않았다. 솔직히 돌아보면 '이 사회에서는 지지와 연대도
사회적 위치가 있는 유명한 사람이 해야지 주목받는구나'
하는 속 좁은 마음이었던 것 같다.

촛불 이후에 민주당 정부가 들어서고 그가 민정수석에
이어서 법무부장관에 지명될 때까지도 큰 관심을 갖지는
않다. 개혁적 학자의 요직 임명이 더 나은 일이라고
생각하면서도, 촛불의 성과가 왜 더 급진적 세력의 성장으로
이어지지 못했는지에 대해 관심과 고민이 많았다. 그러나
장관 임명 이후에 검찰과 주류 언론의 협공 속에 벌어진
엄청난 정치적 쓰나미를 보면서 놀랐고 내 생각이 완전히
바뀌게 됐다.

검찰의 전방위적 압수수색과 언론의 폭포수 같은
공격성 기사들의 거대한 물결 속에서 한 사람과 그 가족이
침몰해가는 것을 목격했다. 부부간의 카톡 대화가 유출됐고,
동생의 이혼한 전처까지 끌려 나왔으며 사망한 부모님의
묘비까지 기사가 됐다. 딸의 학교생활기록부가 공개됐고, 어린
시절 일기장이 압수됐다.

그러자 조국 교수와 친분을 과시하던 이들, 가까이 지내며
아쉬울 때 손을 내밀던 이들까지 대부분 거리를 두고 등을
돌리며 급속히 손절하고 입을 닫기 시작했다. 그리고 한

가족의 인생 전체가 마치 CCTV로 사찰되고 엑스레이로 하나하나 검증되는 듯한 광경이 펼쳐졌다. 그와 부인과 딸과 아들이 모두 목에 칼을 차고 광장에 끌려 나와서 기둥에 매달리고, 사방에서 돌팔매가 날아가는 장면을 하루하루 지켜보는 듯한 기분이었다.

그것은 검찰, 언론, 방송만이 아니라 유튜브와 SNS로도 진행된 디지털 시대의 인간사냥이었다. 인권과 사생활 침해, 인격 살해, 낙인 찍기, 혐오 선동, 집단적 괴롭힘과 스토킹이었다. 물론 한국에서 공인, 정치인, 연예인에 대한 시선에는 기본적으로 그런 관행과 요소가 섞여 있다. 심지어 촛불 이후에 적폐청산 과정에서도 그런 요소가 일부 섞여 있었다고 생각한다(특히 검찰과 족벌언론은 문제의 사회구조적 본질을 가리며 그런 방향을 부추겼다).

그러나 2019년에 벌어진 일은 그 수준을 넘어섰다. 그야말로 '사태'라고 불릴 만한 거대한 쓰나미였다. 그 파장은 몇 년이 지난 지금도 전혀 끝나지 않았다. 그 '사태'를 교육의 불평등과 학벌의 재생산 구조에 대한 정당한 대중적 분노 때문이었다고 말하는 사람이 아직도 있다면 정말 솔직하지 못한 것이다.

그런 현상은 다른 정치인이나 고위인사의 자녀들이 그보다 더 심한 교육의 불평등과 학벌세습의 형태를 보일 때는 나타나지 않는다. 조국 가족에게 그렇게 돌을 던지던 이 사회는 그 후 그 불평등과 세습의 구조를 전혀 건드리지 않았다.
심지어 2022년 6월에 치러진 제8회 전국동시지방선거
교육감 최종 결과를 보면 교육의 불평등과 학벌주의를 더욱
강화하자는 세력이 오히려 힘을 더 키운 것 같다.

검찰과 언론이 주도한 조국몰이를 지지한 사람들은 조국
가족이 실제로 어떤 잘못을 저질렀는지에 관심이 있는 것도
아니었다. 그 후 3년 동안 수사·기소·재판 과정에서 검찰은
결국 단국대 논문은 기소조차 하지 못했고, 사모펀드는 아무
문제도 아니었으며, 웅동학원은 문제삼을 게 없자 동생의 개인
비리를 별건 기소했을 뿐이라는 것을 아는 사람은 거의 없다.

조국 전 장관의 부인 정경심 교수를 소환도 없이 기소한
핵심 근거였던 강사휴게실 PC와 거기서 나온 디지털
증거들이 정당한 절차 없이 수집됐고 심지어 조작된 것이라는
강력한 근거들이 제시되어 있다는 것을 아는 사람도 거의
없다. 왜냐하면 다 같이 돌을 던지고 나서는 지난 3년 동안
꾸준히 이 재판 과정을 추적하며 사실관계를 파악하려고
노력한 이들이 거의 없기 때문이다.

그러면서 많은 이들이 '가족을 위해서라도 조국이 장관되는
것은 막아야 했다' '진정한 검찰개혁도 아니었는데 괜히
검찰과 대립한 것이 문제다'라는 등의 말들을 한다. 언론도
마찬가지다. 일종의 '조국 원죄론'이다. '대법원도 인정했는데
우기는 조국' '조국 사태에 반성하지 않고 검수완박

추진하다가 지방선거도 참패'…

　언론은 누군가를 집단적으로 사냥할 때는 다 같이
대서특필을 하지만, 클릭 장사할 거리가 사라지면 더 이상
관심을 두지 않고, 자신들이 보도한 것과 다른 사실이
드러나도 모른 척하는 패턴이 항상 반복된다. 『조국의 시간』
같은 책이 유례없이 수십만 권이 팔리고, 「그대가 조국」
같은 영화가 다큐멘터리 영화 역사상 기록적인 흥행을 해도
언론들은 대개 외면한다.

　그러나 앞장서서 소리 높여 비난하고 같이 돌을 던졌던
사람일수록, 눈치보고 침묵하다가 슬며시 같이 돌을 던지던
사람일수록, 그런 책과 영화를 더 봐야 한다. 더 열심히
이 사건을 복기하고 추적해야 한다. 누군가를 비난하려면
그만큼 더 철저하고 자세하게 알아봐야 한다. 시간과 노력을
들여서 잘 알아보지도 않고, 쉽게 남에게 돌을 던지는 것처럼
무책임하고 위험한 행동이 없기 때문이다.

　물론 언론 보도를 그대로 믿고 분위기에 휩쓸려 쉽게
돌을 던졌다가, 다시 그것을 돌아보고 자신의 가벼운 행동과
판단의 오류를 인정하는 것이 쉬운 일은 아니다. 남을
비판하는 것보다 자신의 잘못을 인정하는 것이 언제나 훨씬
더 어려운 일이다. 그러나 내가 옳았다는 만족감을 유지하기
위해서 다른 사람들의 삶이 파괴되는 것을 외면할 수는 없다.

　지난 3년 동안 이런 용기를 보여준 사람을 본 기억이 거의

없다. 어떤 언론인이나 지식인도 반성하거나 사과하는 것을 거의 보지 못했다. 조국 교수 딸의 친구였던 사람만이 거의 유일했다.

"저의 증오심과 적개심, 인터넷으로 세뇌된 비뚤어진 마음, 즉 우리 가족이 너희를 도와줬는데 오히려 너희들 때문에 내 가족이 피해를 봤다는 생각이 그날 보복적이고 경솔한 진술을 하게 한 것 같다. 진심으로 사과한다."

그런 용기를 내기 어렵다면 적어도 이런 영화라도 보고, 다시 고민해봐야 한다. 조국 교수가 왜 "송곳으로 심장을 찌르고 채칼로 살갗을 벗겨내는" 듯한 고통을 느낀다고 말하는지 이해해보려고 노력해야 한다. 그 고통을 비인격화, 타자화해선 안 된다. 왜 검찰개혁(언론개혁)을 주장한 사람과 그의 가족이 이런 나락으로 떨어지게 된 것인지 직시해야 한다. 영화 「그대가 조국」은 그것을 위해 좋은 출발점이 될 것이다.

눈치를 보면서 더 적극적으로 입을 열지 못했던 3년 전의 내 비겁함을 돌아보면서 영화를 봤다. 영화는 갑갑할 정도로 드라이하게 만들어졌다. 지난 3년간의 상황과 문제점 중에서 왜 더 많은 것을 담아내지 못했는지 불만족스러울 정도로 냉정함을 유지하고 있는 영화다. 이 영화가 '편향적'이라고 말하는 사람들은 이 문제에서 우리 사회가 얼마나 편향되어 있었고, 어느 일방의 주장과 관점만을 압도적으로 받아들여

왔는지 보지 못하는 것이다.

그러다보니 검찰과 주류언론의 반대편에 서 있던 사람들이 조금만 목소리를 내도 '편향적'이라고 느끼게 되는 구조가 만들어져 있다. 물론 이 영화는 검찰과 주류언론과 그들의 공격을 당하고 피해를 입었던 사람들 모두에게 '중립적으로' '공평하게' 카메라와 마이크를 대고 있지는 않다. 그것은 결코 '중립'도 '공평'도 아니기 때문이다.

그럼에도 지난 3년간의 정치적 쓰나미가 남긴 압력이 여전히 너무나 강력하고, 알게 모르게 여전히 우리 모두를 옥죄고 있어서 이 영화가 더 많은 진실을 담아내고, 더 많은 피해자들의 목소리를 담아내지 못한 것은 아닌가 하는 아쉬움은 있다. 다만 이 영화는 출발점이라고 생각한다. 더구나 영화가 단지 하나의 작품이 아니라 운동으로서 만들어지고 상영되는 현상도 참 오랜만에 보는 광경이다.

작가의 정치적 관점을 떠나서 현실을 있는 그대로 총체적으로 보려고 노력할 때 '리얼리즘의 승리'가 일어난다고 엥겔스는 지적한 바 있다. 이 영화를 계기로 지난 3년간의 정치적 쓰나미가 어떤 구조 속에서 누구의 이익을 위해서 벌어지고, 결국 지금과 같은 정치지형을 낳게 됐는지 더욱 총체적이고 깊이 있게 보여주는 더 많은 시도들이 나오길 기대한다.

못다 한 이야기

당신을 지키는 마지막 카메라가
되어드리겠습니다

정상진 기획총괄 프로듀서

2019년 8월 9일 조국 전 장관이 법무부장관 후보로 지명된
이후 일반적인 장관 후보자와는 다르게 조금은 이상한
국면으로 흘러가는 듯했다. 후보자 지명 후 주요 대학교를
중심으로 조국 법무부장관 임명 철회를 요구하는 시위가
시작되었다. 당시 조국 후보자는 청문회가 열리기 전 스스로
기자간담회를 열어 언론과 질의응답 시간을 가졌음에도
언론은 제대로 된 인사 검증을 위한 질문을 하지 못했다.
청문회에서의 인사 검증도 다른 장관의 청문회와는 많은
부분이 달랐다. 문재인 대통령은 조국을 법무부장관으로
임명했다. 그러자 국론이 분열되면서 대규모 집회로
확산되었고, 법무부장관으로 지명된 지 67일 만인 2019년
10월 14일 조국은 사퇴했다. 궁금했다. 조국이 무엇을 그토록
잘못했기에 장관 한 사람뿐만 아니라 온가족에게 우리 사회는
폭력을 가한 것인가?
　법정 공방이 이어지고 있는 2021년 봄, 다큐멘터리에 평소

관심이 많은 사람으로서 조국 전 장관에게 허락을 구하고 그의 다큐멘터리를 제작해보고 싶었다. 하지만 현재까지도 재판이 진행 중인 피의자 신분이기 때문에 영화를 통해 불이익을 당할 수도 있을 것이고, 사퇴 후 어떠한 언론 인터뷰도 하지 않고 있는데 나 같은 사람에게 다큐멘터리 제작을 흔쾌히 허락해줄까 의문스러웠다. 결과는 당연히 거절당했다.

그러다 2021년 5월 말 『조국의 시간』(한길사)이라는 책이 출간되어 책을 구입 후 책의 첫 장에서 '가족의 피에 펜을 찍어 써 내려가는 심정입니다' 부분을 읽고 다큐멘터리를 제작해야겠다는 확신이 섰다. 나는 다시 조국 전 장관에게 연락했다. 조국 전 장관도 하고 싶은 이야기가 있는 것 같았다. 이 틈을 노려 나는 조국 전 장관께 "당신을 지키는 단 하나의 마지막 카메라가 되어드리겠다"고 말씀 드렸다. 나의 이 '감언이설'(영화가 제작된 후 조국 전 장관이 나에게 하신 말씀) 덕분에 다큐멘터리 제작에 동의를 구할 수 있었다.

『조국의 시간』이 출간된 후 다큐멘터리를 업으로 하는 이들과 다양한 영화인이 조국 전 장관을 소재로 일명 '조국 사건'에 대한 다큐멘터리 영화를 제작해보는 것이 어떻겠냐고 연락을 해왔다. 조국 전 장관에게도 여러 팀에서 연락을 취한 것으로 안다. 몇몇 팀은 이미 내가 알고 있던 감독과 프로듀서였다. 하지만 조국 전 장관은 내게 지금까지

해왔던 다큐멘터리와는 결이 다른, 조금 더 드라이한 기록을 요청해왔다. 프로파간다식의 영화보다는 지난 67일간 언론에서 다루지 않았던 내용을 기록하는 것이 좋겠다는 의견도 나눴다. 혹시라도 영화화되었을 때 불편하실 수도 있겠다는 우려의 말씀도 드렸다.

영화의 연출을 구하기 전 영화를 함께 제작할 파트너를 구하기 위해 진모영 감독에게 조심스럽게 의견을 물어보았다. 진모영 감독의 눈빛이 변하더니 본인이 연출을 하고 싶다고 했다. 자신도 이러한 다큐멘터리를 연출할 수 있다고 자신 있게 이야기했다. 죄송하지만 거절했다. 대신 함께 공동제작 프로듀서로 일할 것을 제안했다. 흔쾌히 수락해준 진모영 감독에게 이 지면을 통해 고맙다는 인사를 다시 한번 전한다.

조국 전 장관도 평소 영화를 즐겨 보시기에 그 시기에 내가 배급하고 있던 영화 「그림자꽃」을 보여드렸다. "우리 사회가 외면해온 사람을 대상으로 잘 만든 다큐멘터리네요"라는 답변과 함께 이승준 감독과의 연을 말씀하셨다. 아는 분의 동생이라는 사실과 함께 이승준 감독의 「달팽이의 별」을 영화관에 가서 본 적도 있다고 알려주셨다.

이승준 감독의 연출에 대해 조국 전 장관도 인정을 하니 이승준 감독을 포섭할 차례였다. "조국 사건에 대해 어떻게 생각해?"라고 물으니 자신은 "조국 장관에 대해서는 관심이 없다"며 다소 부정적으로 대답했다. 그래도 집 주소를 물어

『조국의 시간』을 한 권 보내줬다. 다음 날, 책을 다 읽은 이승준 감독은 "카메라로 질문을 하고 싶은 게 있어요. 궁금한 게 있는데… 조국 장관을 직접 인터뷰할 수 있나요?"라고 물었다. "물론이죠." 이미 작전은 만들어진 상태였다.

그렇게 이승준 감독에게 연출을 맡겼고, 그와 약 20여 년 함께 다큐멘터리 프로듀서로 곁을 지키고 있는 감병석 프로듀서가 합류했다. 아무래도 짧은 기간 영화를 완성해야 하기에 작가를 본인이 직접 하지 말고 다른 사람을 섭외하자고 말했다. 이승준 감독은 혼자 하는 스타일인지 처음에는 반대했다. 이 부분을 설득하여 이수역 근처의 어느 음식점에서 감병석 피디가 양희 작가를 소개해줬다. 이렇게 해서 팀이 꾸려졌다.

다큐멘터리를 제작하기 위해 합정역에 스튜디오를 만들고 주요 인물들을 인터뷰했다. 조국 전 장관도 스튜디오에 나와 인터뷰에 응했고 포스터를 만들기 위해 스틸컷도 찍었다.

텀블벅을 조심스럽게 시작했는데 펀딩 3시간 만에 목표액 5,000만 원을 달성하고 26억 원으로 펀딩을 끝마친 감격을 맛보았다. 지방선거로 인한 정치적 피로감, 할리우드 블록버스터와 국내 액션 대작과 경쟁해야 하는 어려운 배급 환경이었지만 든든한 시민들의 후원으로 영화 개봉을 위한 광고와 배급을 적극적으로 할 수 있었다. 덕분에 영화는 개봉 4일째 10만 관객 돌파, 2주 만에 30만 관객을 돌파했다.

모두 조국을 지지하고 자신이 조국이라고 생각하는 여러분 덕분이다. 이 영화가 당장 세상을 바꾸지는 못하겠지만 어지러운 세상에 의미 있는 질문을 던졌고 그 파장은 언젠가 큰 변화를 일으키리라 믿는다. 좀더 많은 관객이 영화를 극장에서 관람했으면 하는 아쉬움도 남지만, 전국 각지를 돌며 영화관에서 만난 관객들의 지지와 응원은 앞으로의 인생에 큰 힘이 될 것 같다. 영화를 관람해주신 여러분께 머리 숙여 감사의 인사를 드린다.

외면당한 증거들

박지훈 IT회사 대표

제가 디지털 포렌식 전문가로 정경심·조국 재판에 참여하게
된 것은 2020년 7월 초였습니다. 그 직전인 6월까지 저는
『조국백서』 집필에 참여했습니다. 정신없이 집필을 마무리하고
당시 한창 진행 중이던 정경심 교수의 1심 재판 상황을
돌아보니, 뭔가 이상하게 돌아가고 있었습니다. 짧은 고민 후
변호인단에 연락해 포렌식 분석을 돕고 싶다고 제안했고, 즉각
수락해줘서 공식적으로 변호인단을 돕게 됐습니다.

영화 「그대가 조국」에는 포렌식 이슈로 '사설 IP주소 문제'와
'비정상 종료 주장'이라는 두 가지 이슈만 실렸지만, 사실 이는
그야말로 빙산의 일각에 불과합니다. 더 충격적이고 결정적인
이슈들이 있었음에도 이 두 가지 이슈만 영화에 실린 것은,
제한된 시간 내에 관객이 직관적으로 이해 가능한 이슈를
선별했기 때문입니다.

영화에 담기지 못해 가장 아쉬운 것은, 검찰이 주장하는
표창장 위조 날짜에 파일을 제작한 사람이 정경심 교수가

아니라는 '알리바이'가 발견됐다는 사실입니다. 검사 측 주장에서 표창장 파일들은 2013년 6월 16일에 강사휴게실 PC 1호(이하 PC 1)에서 제작되었다는 것인데, 그 동일 시점에 정경심 교수는 PC 1이 아닌 다른 컴퓨터인 PC 2를 사용하고 있었던 여러 증거가 나왔습니다. 다른 대부분의 포렌식 이슈는 검사 측 유죄 주장을 탄핵한 것들인 데 비해, 이 문제는 더 직접적으로 무죄를 증명하기 때문에 더 중요합니다. 아쉽게도, 이 부분을 영화에서 설명하려면 상당히 긴 설명이 필요해 최종 편집과정에서 배제되었다고 들었습니다.

결코 잊을 수 없는 또 다른 포렌식 이슈는, 소위 '심야 접속 기록' 문제입니다. 첫 유죄 판결을 내렸던 정경심 교수 1심 재판부는 판결문에서 유죄 판단의 근거로서 검사 측의 여러 포렌식 근거들을 인용하면서, 그중에서도 이 '심야 접속' 문제를 가장 주요하게 제시했습니다. 문제의 검사 측 보고서는 분석의 목적도 결론도 없이, PC 1, PC 2의 2013년 2월 27일과 2013년 6월 16일 전후 3일간의 모든 PC 사용 흔적들을 단순 나열한 거였는데, 그 수가 거의 9,000여 건에 달합니다(8,924건). 분석 목적도 결론도 없는 단순 데이터 나열뿐이었으니 저와 변호인단으로서는 이 보고서의 의도를 전혀 짐작조차 할 수 없었습니다. 그런데 판결문을 보면 1심 재판부는 놀랍게도 이 무지막지한 데이터 나열 보고서에서 유죄 판단 근거를 찾아냈다는 것입니다. 재판부는 9,000여

건의 방대한 데이터 중에서 자의적으로 설정한 '심야 시간대'(21시~06시)에 해당하는 77건을 골라내고는, 이런 심야 시간대에 PC가 사용되었으므로 당시 PC들의 위치는 동양대가 아닌 자택이었다고 결론 내렸습니다.

하지만 1심 재판부의 이런 유죄 근거 판단은 기가 막히도록 완전히 허황된 것이었습니다. 검사 측이 제시한 9,000여 건의 데이터는 실제 사용자 행적이 아닌 전혀 무의미한 허위 데이터가 대부분이었기 때문입니다('웹 서버 측 최종수정 시간'). 더욱이 1심 재판부가 유죄 판단 근거로서 '심야 시간'으로 지적한 77건의 데이터 전부가 실존하지 않는 허위 데이터였습니다. 정경심 1심 재판부는 전혀 무의미한 데이터를 보고 정 교수가 자택에서 이 PC들을 사용했다는 황당무계한 판단을 내린 것입니다.

이외에도 검사 측의 꼼수, 왜곡, 과장, 허위 사례는 끝도 없이 많습니다. 프린터 연결 실패 메시지와 프린터 드라이버 삭제 시도 흔적을 '프린터 사용 흔적'이라고 주장하거나, 중고 PC였던 PC 1의 이전 사용자 흔적에서 명시적인 사용자 이름을 화면에서 가리고 정경심의 흔적이라고 주장했습니다. 또한 정 교수 컴퓨터에는 존재하지도 않았던 '어도비 애크로뱃 프로' 프로그램을 사용해서 정 교수가 PDF 파일을 직접 수정했다고 주장했으며, 표창장 제작 과정이라며 제시한 파일들 중에서 검사 측 주장에 불리한 파일의 존재를 은폐하고, 동양대에서

PC들을 압수하기 전에 아무도 모르게 USB 연결 후 모종의 작업을 했던 사실을 은폐하기도 했습니다.

또 윈도 XP에는 존재하지도 않는 'snippingtool 프로그램'으로 윈도 XP에서 직인 파일을 캡처했다는 허위 주장, 블로그 피드 수집 프로그램인 'msfeedssync'가 '파일 자동 동기화 프로그램'이라는 얼토당토않는 주장, 단순 복사된 파일을 두고 자동 동기화된 파일이라고 하는 허위 주장, BMP 포맷의 파일을 스스로 JPG 파일로 변환해놓고 원래 JPG 파일이었던 것처럼 주장하는 것 등, 주요하게 기억나는 것만 나열해도 손가락 아프고 입이 아플 정도입니다.

보다시피 검찰은 범죄 혐의를 찾아내기 위한 수사가 아니라 범죄 혐의를 창조해내는 수사를 한 것입니다. 이런 식의 '혐의 만들기' 수사를 견딜 수 있는 국민이 과연 얼마나 있을까요? 더욱이 검사 측이 이런 기가 막히는 허위 주장을 늘어놓은 사실을 변호인 측이 대거 적발했음에도, 그 어떤 언론도 적극적으로 보도하지 않았습니다. 오히려 제가 책까지 써서 기자들에게 일일이 보내줘도 어느 언론사, 어느 기자도 기사로 알리지 않았습니다. 한 공중파 방송사에서는 헤드 뉴스로 방송하겠다며 자료를 받아가고도 결국 보도를 하지 않았습니다. 결국 재판에 대한 언론 보도들은 온통 검사 측 주장으로만 채워졌죠. 이렇게 검찰이 북을 치면 언론이 알아서 장단 맞춰 장구를 쳐주는, 앞뒤 짝짝 맞는 짝짜꿍 수사판에

사법부인들 놀아나지 않을 수 있었을까 하는 생각도 듭니다.

　서두에서 말씀드린 『조국백서』에서 제가 맡았던 부분은 소위 '사모펀드 의혹' 파트였습니다. 사실 개인적으로 영화 「그대가 조국」에 담기지 못해 가장 아쉬웠던 부분은, 포렌식보다 사모펀드 의혹의 '진범'에 대한 부분입니다. 이 사모펀드 의혹은 당시 검찰총장이 여기저기에 '조국을 수사해야 할 명분'으로 들이댔던 것이기 때문입니다. 그런데 이 사모펀드 의혹의 진범은 정경심 교수가 아니었고, 아직 기소조차 되지 않았습니다. 이것이 '조국 사태'의 시발점이자 검찰 수사의 벌거벗은 본질을 보여주는 문제입니다.

　검찰은 2019년 9월에 이미 사모펀드사인 코링크의 실소유주로 자동차 부품업체 익성의 회장 이 모 씨와 부사장 이 모 씨를 피의자로 보고 수차례 압수수색과 소환조사를 했습니다. 검찰은 익성의 배후에 조국 부부가 있다는 심증으로 수사를 진행해 나가다가, 그런 배후가 나오지 않자 소리 소문 없이 익성에 대한 수사를 중단하고는 조국 부부에 대한 다른 새로운 의혹을 찾아 수사력을 기울였습니다.

　정경심 교수 재판과 별개로 검찰이 사모펀드 의혹으로 기소했던 조범동 씨의 재판 결과에도 조범동의 단독 범행이 아닌 익성 회장 등의 공모 범행이라고 적시되었고, 그 범죄 수익도 조범동이 아닌 익성으로 귀속된 사실 등 익성 관계자들을 주범으로 보아야 할 사유들이 적시되어

있었습니다. 요컨대 당시에 이미 사모펀드 의혹의 진범은
정경심이 아닌 조범동과 익성 관계자들이고, 그중에서도
익성이 주범으로 보인다는 법원의 판단이 나왔던 것입니다.
그럼에도 익성에 대한 수사는 중단되었습니다.

익성과 공범이라는 판결을 받고도 혼자만 기소되어
처벌을 받은 조범동 씨는 익성에 대한 기소가 이루어지지
않았다며 검찰에 감찰 진정서를 냈지만, 배당을 받은 서울고검
감찰부는 2021년 11월에 "방대한 사건에 비해 수사인력
부족이 원인"이라며 무혐의로 처분했습니다. 풀어 말하자면,
'조국 겨냥 수사에 바빠 조국이 아닌 피의자를 수사할 여력은
없었다'라는 의미입니다. 검찰이 조국 수사 팀을 무혐의
처분하며 '수사인력 부족'을 핑계로 삼은 것은, 그들이
사모펀드 의혹이라는 '사건'이 아니라 조국이라는 특정한
'사람'을 우선적으로 쫓는 것이 당연했다는 검찰의 공식적인
발표인 셈입니다. 그런데 범죄 대신 특정한 사람을 쫓아
먼지가 나올 때까지 탈탈 털어 수사를 하는 것이 과연 당연한
일입니까. 바로 이 영화의 첫 장면, 미국 연방 검찰총장 로버트
잭슨의 경고가 그대로 겹쳐지지 않습니까.

"검사는 피고인을 고를 수 있다. 거기에 검사의 가장 위험한
권력이 있다. 그는 기소할 사건을 고르기보다 기소할 사람을
고른다."

평소 존경하는 박건웅 화백님은 「그대가 조국」 관람

후기에서 이 영화를 '현재진행형' 영화이자 '관객참여형' 영화라고 정의해주셨습니다. 무릎을 탁 치도록 너무나 절묘하게 들어맞는 평가입니다. 이 영화는 엔딩 크레딧과 함께 끝나는 것이 아닌, 영화를 본 시민들이 참여해 현실을 만들어가는 영화입니다. 지루하고 힘들고 멀기까지 한 길이지만, 시민 여러분의 끈질긴 관심이 대한민국의 미래를 바꿔갑니다. 함께해주신 덕에 여기까지 올 수 있었고 앞으로도 더 나아갈 수 있습니다. 허리 숙여 깊이 감사합니다.

세상에는 비판해야 하는 판결도 있다

박효석 시사 유튜버 빨간아재

2022년 6월 24일. 조국 전 장관과 정경심 교수의 25차 공판이 열린 날이다. 2년 6개월째 진행 중인 1심 재판이다. 증인으로 출석한 장경욱 동양대 교수는 증언을 모두 마친 뒤 홀가분한 표정이었다. 2년 전 정경심 교수의 1심 법정에 출석했던 때와 사뭇 달랐다. 영화에서 고백한 바와 같이 장경욱 교수는 법정에서 증언을 마친 뒤 펑펑 울었다. 비가 세차게 내리던 여름날 저녁이었다. 장 교수의 표정을 이렇게 달라지게 만든 건 무엇이었을까. 장 교수는 옅은 미소를 지으며 "하고 싶은 말 다 했다"고 했다. 판사가 말을 자르지 않고 들어줬다는 것이다.

사람들은 판결을 존중해야 한다고 말한다. 유죄 판결에도 불구하고 억울하다고 하면 오히려 사법부를 존중하지 않는 것이냐며 비난한다. 아마도 모든 법관이 동일한 잣대를 가지고 공평하게 판결할 거라는 믿음, 검사가 위법한 수사를 했다면 판결로써 적절히 통제할 거라는 믿음 때문일 것이다. 그 순수한 마음을 오래도록 간직하라고 하고 싶지만 적어도 정경심 교수의 재판에서는 동화 같은 이야기일 뿐이다.

증인은 재판부의 판단을 돕는 조력자다. 처분의 대상자인 피고인과는 법적 지위가 다르다. 판사는 최소한 자신의 시간을 쪼개 법정에 나온 증인을 존중하는 태도를 가져야 한다. 증인이 객관적 사실과 배치되는 이야기를 한다면 그 어긋남이 어디에서 비롯된 것인지 사후에 판단하면 될 일이다. 그런데 장 교수는 법정에서 자신이 아는 바를 증언하다가 판사에게 호통을 들었다. 검사나 변호인의 질문에 답변을 하다 판사에게서 "전부 들었다는 것뿐이다. 넘어가라!" "됐다! 알고 있다" 등 모욕적 언사도 들어야 했다. 미처 하지 못한 말을 서면으로라도 제출하겠다던 바람은 판사의 "나가라"는 한마디에 묻혀버렸다.

또 다른 증인들은 "묻는 말에만 대답하라!" "증인이 피고인의 변호인이냐!" "물타기 하지 마라!" "여기는 증인이 하고 싶은 이야기하는 데가 아니다!" "위증하면 처벌 받는다!" 따위의 호통을 들어야 했다. 하나같이 검사의 주장과 반대되는 증언이 나오는 순간이었다. 정 교수의 1심 법정에 섰던 한 증인은 "법정이 아니라 검찰 조사실에 앉아 있는 느낌이었다"고 했다. 경험한 바를 들려달라고 해서 이야기를 해줬는데 왜 검사도 아닌 판사한테 호통을 들어야 하는지 도무지 납득하지 못하는 표정이었다. 판결문이 진실을 외면하고 심지어 사실과 다른 내용을 담고 있는 한 판결은 존중의 대상이 아니라 비판의 대상이어야 한다.

검사는 객관의 의무를 지닌다. 수사 및 공판 과정에서 피고인에게 유리한 증거를 발견할 경우 피고인의 이익을 위해 법원에 제출해야 한다. 이는 확립된 판례다. 하지만 조국 전 장관과 정경심 교수의 사건에서는 객관의 의무는커녕 오히려 검사에 의한 사실상의 증거은닉도 이뤄진다.

2021년 8월 조국 전 장관의 법정에는 딸 조민 씨의 고교 시절 인권동아리 활동을 증명하는 증거가 제출됐다. 제보를 받은 변호인단이 재판부를 통해 사실조회를 해서 입수한 탈북청소년 대안학교의 회신 문서였다. 대안학교가 제출한 자료에는 고등학생이던 조민 씨가 2008년부터 2009년까지 '한영외고 인권지킴이' 회장으로서 대안학교와 연락을 취하고 자선활동을 하고 후원금을 입금한 기록이 담겨 있다. 함께 활동한 한영외고 학생 13명, 대원외고 학생 3명에게 봉사활동 증명서를 발급한 기록도 제출됐다.

이 무렵 검찰과 언론은 서울대 공익인권법센터 인턴활동의 일환이었던 인권동아리를 "회원도 없는 스펙용 유령 동아리"라고 주장하던 터였다. 더 놀라운 것은 검찰도 이미 이 학교를 상대로 수차례 조사하고 같은 자료를 확보했었다는 점이다. 하지만 검찰은 이 자료를 수사기록에만 편철하고 법원에 증거로 제출하지 않았다. 검사에 의한 사실상의 '증거은닉'이었다. 정경심 교수의 재판에서는 검찰이 포렌식 분석 보고서에 무죄를 뒷받침하는 IP 주소를 누락하거나, 법정에서마저 짜깁기한 왜곡 문서를 내보여도 재판부는 이 문제점을 지적조차 하지 않았다.

위에서 언급한 대안학교에서 봉사활동 증명서를 받았던 학생 중에는 정 교수 재판과 조국 전 장관 재판에 잇따라 증인으로 출석한 장 모 군도 포함되어 있다. 장 군은 법정에서 인권동아리 등 인턴십 활동을 부인했다. 자신의 인턴십 확인서가 허위라고 자백했던 셈이다. 서울대 세미나에 조민 씨의 참석 사실도 부인하다 1년여 뒤 조 전 장관 재판에서는 "조민이 99% 맞다"며 스스로의 증언을 뒤집었다. 장 군은 2차 증언 뒤 자신의 SNS에 긴 반성문을 올렸다.

"민이와 가족 분들께 진심으로 사과드립니다. 용서해주세요. 제가 잘못했습니다. 세미나의 비디오에 찍힌 안경 쓴 여학생의 정체는 조민 씨가 맞습니다. 저의 증오심과 적개심, 인터넷으로 세뇌된 비뚤어진 마음, 즉 우리 가족이 너희를 도와줬는데 오히려 너희들 때문에 내 가족이 피해를 봤다는 생각이 그날 보복적이고 경솔한 진술을 하게 한 것 같습니다."

앞서 장 군과 부모는 모두 11차례 검찰에 불려가 조사를 받았다. 자택 압수수색도, 대학교수인 아버지는 출국금지도 당했다. 장 군은 검사가 요구해 자신의 고교 생활기록부를 제출했다. 서울대 논문을 비롯해 화려한 스펙이 기재되어 있었다. 검사는 조사실에서 "잘못 진술하면 위증으로 처벌받을 수 있다"고 했다는 것이다.

장 군과 함께 증인으로 출석했던 박 모 군도 처음에는 세미나 동영상 속 여학생은 조민 씨가 아니라고 주장했다. 조민 씨와 함께한 인턴십 활동은 스스로 '허위'라고 진술했다. 하지만 박 군 또한 1년 뒤 법정에서는 180도 말을 바꿔 "처음 봤을 때부터 조민이라고 생각했다. 검사한테도 영상 보자마자 조민 맞다고 말했다"고 증언했다. 이런 진술은 조서에 쓰이지 않았다. 박 군도 검찰조사 당시 자신의 생활기록부를 제출했다. 아버지의 법무법인과 작은아버지의 광고회사에서 인턴활동을 한 기록이 기재되어 있었다.

장 군과 박 군은 첫 번째 증언에서 왜 사실과 다른 진술을 했을까.

검사는 왜 이들에게 생활기록부를 제출하라고 했을까.

판사는 이런 과정을 지켜보며 무슨 생각을 했을까.

검사가 원하는 답을 진술조서에 써넣기 위해 사건관계인을 겁박하거나 회유할 경우, 그러한 위법한 수사를 통제할 수 있는 유일한 기관은 법원이다. 우리 법원은 과연 그 역할을 충실히 수행하고 있을까.

영화에서는 미처 다루지 못한 몇 장면을 소개해드렸다. 사회적 공분을 일으키는 게 의도였다면 이승준 감독은 이런 장면을 영화에 담았을 것이다. 하지만 이 감독은 지독하리만큼 냉정을 유지했다. 영화 전반을 감싸고 있는 색감은 무채색에

가깝고 심지어 인터뷰이의 감정이 격해질라치면 가차 없이
앵글을 돌려버린다. 역설적이게도 그래서 더더욱 관객의
마음속 깊은 곳에서 분노가 치솟는지도 모르겠다.

이 영화는 또 하나의 기록이다. 장경욱 교수와 나는 사람들의
기억이 희미해지기 전에 기록을 남겨두자고 이야기한 적이
있다. 언젠가는 반드시 필요해질 날이 올 것을 믿기에. 그리고
그 기록이 세상에 다시 들춰지는 날엔 저 가족이 평범한 일상을
되찾기를 소망한다.

목표는 일상을 돌려받는 것이다

김경록 정경심 교수 자산관리인

어떻게 말을 시작해야 할지 모르겠다. 다큐멘터리를 촬영할 땐 최대한 담담하게 말하기 위해서 노력했다. 그 이유는 지금 나와 조국 교수가 처한 상황이 실제로는 비극적으로 느껴지더라도 남들에게는 비극적으로 보이고 싶지 않았기 때문이다. 여전히 나에게는 풀리지 않는 질문들이 있다. 국가 공권력이 이렇게도 잔인하고 비겁해도 되는가. 이미 세상 사람들은 많이 잊어버리고 둔감해졌지만, 여전히 조국 교수와 그의 가족 그리고 나는 국가 공권력에 의해 잃어버린 일상을 회복하지 못하고 있다. 지난 2년간 내 모습은 마치 짓밟힌 잡초같이 길바닥에 붙어 있지만 조국 교수와 내가 지키려고 했던 것은 과연 잡초처럼 하찮은 것인지 다시금 고민한다. 그래서 남들에게 더욱이 내 스스로에게 비참하지도 불쌍하지도 않다고 주문을 외우고 있는지도 모르겠다. 2019년 9월 어느 날, 검사실에서 나와 은평구 재개발지역 빈집에서 유서를 녹음했다. 내가 지키고 싶었던 것이 무엇이었는지도 사실 정확히 알지 못했다.

정경심 교수는 나에게 매우 따뜻한 마음을 보여줘서 마음이 많이 갔던 고객이다. 그의 남편이 사법개혁인지 검찰개혁인지 뭔가를 하겠다고 했다. 그 일을 시작으로 내 일상과 주변 모든 것이 한순간에 무너졌다. 그래도 내 고객의 남편인 조국이라는 사람이 하겠다는 그 무엇인가를 방해하고 싶지는 않았다. 내게 남은 건 그거 하나밖에 없어 보여서 그럴 수도 있고, 내 개인적인 의리일 수도 있다. 왜 그랬는지는 나도 정확히 모르겠다.

조국 교수가 법무부장관을 하는 동안 나의 가장 큰 목표는 내가 구속되지 않는 것이었다. 당연히 구속되는 것이 무섭고 두려워서이기도 하지만 내가 구속되는 순간 정경심 교수 부부가 더 어려운 국면에 처할 것이라고 판단했기 때문이다. 검찰 조사를 받고 나오면 내가 마치 스파이라도 된 듯 내가 이야기한 것들이 검찰발 기사로 쏟아져 나왔다. 정경심 교수에게는 배신자가 되었고 검찰에게는 충성스러운 개가 되었다. 수치스러웠다. 하지만 그게 내가 지금 지키고 싶어 하는 것을 지킬 수 있는 최선의 방법이라고 생각했다. 매일 재개발지역 빈집에서 자면서 다음 날 조사에서 무엇을 어떻게 이야기해야 할지를 고민했다. 어떻게 해야 여기서 내가 살아남고 조국 교수를 방해하지 않을 수 있을지만 고민했다. 밥을 먹지 않은 날이 며칠이 되었는지도 몰랐고,

한 달에 15킬로그램 이상의 몸무게가 빠졌다. 조국 교수가
법무부장관직에서 사퇴했을 때 정말 많이 울었다. 그가 무엇을
하다가 그만두는지는 몰라도 어쨌든 그 어려운 상황에서
할 수 있는 모든 것을 했을 사람이라고 생각했다. 누군가는
서러워했고 누군가는 억울해했지만 난 그가 자랑스러웠다.
'나도 이제는 살 수 있겠구나' 하는 생각에 안도의 눈물을
흘렸던 것도 같다.

　하지만 검찰은 물고 있는 목을 놔주지 않았다. 그들이 얼마나
잔인하고 폭력적인지 그 누구보다 가까이에서 지켜보았다.
인터뷰를 하는 많은 이들과 나는 조금 다른 상황에 처해
있다고 생각한다. 어쨌든 나는 전과자가 됐고, 그 딱지는 내가
15년 넘게 다니던 직장을 잃게 했다. 내게 전과자라는 새로운
커리어를 만들어준 것이다. 한 번도 경험해보지 못한 인생을
마흔이 넘어서 새롭게 살게 되었다. 하지만 그 누구의 탓도
아니며 다른 누가 변화시켜줄 수도 없다는 것을 잘 안다. 내가
어디 나가서 조국 교수와 정경심 교수에 대해 이야기하더라도
그것이 다른 증인 혹은 인터뷰이와는 전혀 다른 느낌이라는
것도 잘 알고 있다. 전과자가 하는 소리로 뭉뚱그려서
생각하고, 정경심 교수와 같은 범죄자로 취급하리라 생각한다.
전과자가 되는 순간 모든 것은 그것에 매몰되고 만다. 정경심
교수가 도대체 뭘 했는지도 이제 세상은 그렇게 큰 관심이
없다. 그냥 감옥에서 4년 살게 된 사람 정도로 생각할 뿐이다.

나는 검찰이 한 인간을 매장시키는 방법을 알게 됐고 그들의
권력이 왜 통제되어야 하는지 절실히 느끼고 있다.

　내가 할 수 있는 일은 이제 크게 없을 듯하고 큰 꿈과 목표도
없다. 다시금 조국, 정경심 교수와 민이, 원이가 다 같이 모여
평화롭게 웃으면서 식사할 수 있는 그런 일상을 돌려받는 것,
그것이 지금 내가 가장 원하는 꿈이자 목표다.

우리는 각자의 세상에서 모두 주인공이다

박준호 광고회사 대표

　오랫동안 광고대행사에서 기획을 담당해왔던 내 업무는
정치, 경제, 사회, 문화, 예술, 스포츠 등 사회 전반에 대한
기본적인 소양이 있어야 했다. 다만 정치에 관해서는 불특정
다수를 대상으로 하는 광고 업무의 특성상 어느 한편으로
치우치기보다는 표면적으로 중립의 위치를 표방하는 편이
사회생활을 하기에 훨씬 편했다. 실제로 많은 이들이 그래왔듯
한동안 중간자적인 입장에서 편리한 삶을 살아왔던 것 같다.
2019년 본 사건에 간접적으로 휘말리기 전까지는 적어도
그랬다.
　2018년 겨울, 초등학교 때부터 가장 친했던 친구와의
자리에서 조권 형님을 소개받아 인사하게 되었고 유쾌했던
첫 만남의 자리가 한참 지난 후 나는 우연찮게 부산으로 장기
출장을 가게 됐다. 초·중·고를 부산에서 다녔던 나에게
부산으로의 출장이 내 몫임은 회사의 판단에서는 당연한
것이었고 그렇게 기대에 부푼 부산 생활이 시작되었다.

2019년 초, 시장을 분석하고 기획서를 쓰고 집행할 매체를 선정하는 등 익숙하지만 벅찬 업무를 진행하느라 정신없이 바쁠 때였다. 일전에 소개받았던 조권 형님이 생각나 연락했고, 나를 친동생처럼 살갑게 맞이해주시던 태도에 힘든 객지 생활의 스트레스도 잊고 수십 년을 알고 지내온 것처럼 가깝게 지냈다. 덕분에 형님과 친하게 지내왔던 많은 분과 교류도 생겼고, 업무 외적인 시간이 따분할 틈이 없을 정도로 즐거웠다. 조권 형님의 친형이 법무부장관으로 임명되기 전까지의 일이다.

2019년 여름, 느닷없이 언론에서 법무부장관 후보자의 사모펀드 투자가 자본시장을 일순간 몰락시킬 정도의 중대 범죄행위로 거론됐다. 표창장 발급을 일일이 기억한다는 천재적인 총장의 인터뷰가 나오는 것도 모자라, 부산 출신의 모 여배우를 뒤에서 돌봐주고 있었다는 식의 어처구니없는 추악한 기사들이 인터넷 언론의 절반쯤을 차지하게 될 때쯤, 나는 진심으로 걱정되어 조권 형님에게 왜 적극적으로 대응하지 않느냐고 우려 섞인 질문을 한 적이 있다. 하지만 그 대답은 너무나 단순하고 명료했다.

"이젠 저런 거짓말이 통할 정도의 사회가 아니야."

제발 그 말이 맞기를 간절히 바랐던 것 같다.

장관 후보자를 향한 공격이 즉각적인 효과를 보이지 않자 그의 가족에게로 불똥이 튀기 시작했다. 일가족을 도덕적으로

매장시켜 멸문지화 직전까지 이르게 한 언론의 전대미문
마녀사냥은 다들 잘 알고 있으리라 생각한다. 언론의 광기 어린
난도질과 그에 힘입은 검찰의 행위 중에서도 가장 내 마음을
아프게 했던 것은 조권 형님의 80세가 넘으신 어머님을 소환해
조사받게 하고 나중엔 법정에 세우려고까지 했던 행위와
이혼해서 홀로 자녀를 키우시던 조권 형님의 전처 되시는 분을
수차례 소환하는 바람에 생계수단이었던 직장조차 다니지
못하게 만든 사건이었다.

　예상대로 조권 형님에게도 칼날이 겨누어졌다. 후보자
가족 중 하나밖에 없는 동생은 그들의 먹잇감으로는
우선순위이지 않았을까 싶다. 조직폭력배 연루설로 인격에
먹칠을 시작하더니 허위공사, 허위소송 등 수년간 조사한
검찰만이 알 수 있는 내용을 분·초 단위로 퍼뜨렸다. 사실의
진위는 지난했던 그분들의 가족사를 깊게 알지 못하면 제대로
파악하기 힘든 내용이라 명쾌하게 대변하기는 힘들지만, 조권
형님의 작고하신 선친께서 IMF 금융위기 때 파산 직전의
건설회사를 살리기 위해 아들인 조권 형님에게 진 채무가
상당했기 때문에 일어난 사건이고, 한 개인의 일탈로 책임을
전가하기엔 다소 억울한 점이 있다는 점만 말해두고 싶다.

　조권 형님의 소송전이 시작되었다. 출두를 눈앞에 두고
극심한 스트레스로 두세 시간밖에 못 자고 영양불균형이
생기는 등 건강했던 몸은 서서히 망가졌다. 멀쩡했던

잇몸이 붓고 피가 나더니 이가 빠져 임시로라도 급하게 임플란트를 해넣으면서 법정 싸움을 준비했다. 가족력이 있던 후종인대골화증의 발현으로 반신불수가 될 뻔한 상황임에도 구속적부심에 참석하기 위해 부산에서 앰뷸런스를 타고 서울 법정으로 세 시간 만에 달려왔다. 그러나 조사관과 동행해 앰뷸런스를 타고 법정으로 향하던 도중 휴게소에 내려 멀쩡히 걸어 다니며 담배까지 피웠다는 터무니없는 기사나, 검사 측의 배려로 휠체어를 빌려 법정에 들어서던 것을 지난 시대 재벌들의 행태와 비교해가면서까지 모욕 주기에 여념이 없던 댓글들의 작태는 우리들에게 평생 씻을 수 없는 상처를 주기에 충분했다.

장관 후보자 한 명을 제거하기 위한 언론과 검찰의 집착은 가히 경의를 표할 만큼 충실했다. 후보자 동생의 지인 수십 명에 대해 참고인 조사를 빌미로 소환하여 세무조사까지 언급하며 자백 아닌 자백을 강요했다. 검찰 조사 내용이 언급된 녹취록은 이미 내가 출연했던 방송을 통해 공개된 바 있다. 그런 위협적인 특수부의 조사 과정에서 제 풀에 지쳐 뜻하지 않은 진술을 할 수밖에 없었던 조권 형님의 지인들은 조사 후 우리와의 연락마저 끊기 일쑤였다. 누가 무슨 말을 했는지 알아야 최소한의 방어권을 행사할 수 있는데도 말이다. 그들을 탓하고 싶지는 않다. 모두가 같은 피해자임을 알기 때문이다. 오래된 지인들과 등을 돌리게 만들면서까지 충성을 다하려

했던 검찰 관계자들에게 도리어 책임을 묻고 싶다.

특수부의 나에 대한 여덟 번의 조사 중 영화「그대가 조국」에서 언급되지 않은 부분도 있다. 참고인 조사를 받던 중에 기습적으로 자택 압수수색을 벌였던 검찰의 초법적인 행태, 밤 12시가 넘어서야 끝나던 조사를 받던 중 지병인 천식이 심해져 마지막 즈음엔 기침으로 진술하기가 어려울 지경이었고 피까지 섞여 나왔지만 아랑곳하지 않았던 조사실 분위기가 그것이다. 사적인 부분으로는 진실을 알리려 언론에 나온 것 때문에 광고회사에서의 직장생활이 더 이상 불가능하게 되어 결국 사표를 쓰고 나와 독립하게 됐다. 무엇보다 일련의 조사 과정을 지켜보시며 안타까워하시던 어머님이 이듬해 초 작고하셨다는 점이 마음에 걸린다.

이 사건은 거짓과 증오를 주관했던 언론과 먹잇감을 적절히 조련하는 방법을 꿰뚫고 있었던 검찰, 그리고 처음부터 끝까지 이 모든 것을 기획했던 정치인들의 합작품이다. 그중에서도 내가 가장 두려웠던 것은 보고 싶은 것만 보고 듣고 싶은 것만 들으려 하는 확증편향이라는 괴물이었던 것 같다. 참고인들에게 애초에 자신들이 설계했던 방향대로 진술하기를 강요했던 검찰 관계자에게서 그 괴물을 보았다. 가짜 언론에 휘둘려 이미 법정에서 거짓으로 판명된 의혹을 지금까지도 진실이라 믿고 싶어 하는 사람들을 볼 때, 시간이 지난 지금은 적개심보다는 오히려 동정심이 생긴다.

"어이, 박준호 씨. 당신이 지금 주인공인 줄 알아?"라고 조사 중에 검사가 다그쳤던 질문에 이렇게 이야기해주고 싶다. 지금 우리는 주인공이 사회 전체를 이끌던 시대가 아닌 훨씬 더 세련되고 똑똑한 사람들로 가득 찬 세상에서 살고 있다. 우리는 우리가 살고 있는 각자의 세상에서 모두 주인공이다. 그러나 자신의 오류를 인정하기 싫어서 확증편향에의 길로 빠지게 된다면 주인공이 아닌 언론과 정치의 노리갯감을 면하기 어렵다. 주인공으로 가득 찬 세상에서는 어느 누구도 군림하기 힘들 것이다. 변화는 시작되었다.

그대가 조국이 되지 말라는 법이 있는가

심병철 대구 MBC 기자

2022년 1월 17일 조국 전 법무부장관의 배우자인 정경심 전 교수에 대한 재판이 끝났다. 정 교수 딸의 입시비리와 자본시장법 위반 등의 혐의에 대해 모두 유죄가 인정되었고, 2심과 같은 징역 4년형이 선고됐다. 2019년 8월 조 장관의 가족에 대한 수사를 시작으로 우리 사회를 둘로 나눈 일단의 사태의 제1막이 마무리된 것이다. 이렇게 말하면 대법원 판결까지 유죄가 나온 마당에 왜 아직도 제1막이 끝난 것뿐이냐고 누군가 의문을 제기할 수 있다. 어떤 이는 법원의 판결을 수용하지 않는 것이냐고 비판의 목소리도 낼 수 있을 것이다. 하지만 나는 판결의 정당성을 인정할 수 없다. 당사자들은 판결에 대해 거부할 방법이 없겠지만 오랜 기간 취재해왔던 기자로서 나는 양심상 받아들일 수 없다.

검찰은 정 교수를 딸의 입시비리와 자본시장법 위반 등 15개 혐의로 기소했지만 가장 핵심적인 혐의는 딸이 받은 동양대학교 표창장 위조 행위라고 할 수 있다. 최성해 전 동양대학교 총장이 정 교수의 딸에게 표창장을 준 사실이 없다고 한 증언과 동양대학교 강사 휴게실 PC에서 나온 표창장 파일을 근거로 검찰은 정황만으로 정 교수를 기소했다. 그리고 1심 재판부는 최 총장이 피고에게 불리한 증언을 할 이유가 없어 신뢰할 수 있으며, PC가 정 교수의 자택에서 사용되었다는 검찰의 주장을 받아들여 징역 4년형을 선고했다. 하지만 1심이 끝난 직후 나는 이런 재판부의 판단을 뒤집을 수 있는 중요한 육성파일을 입수했다.

그것은 최성해 전 총장이 최측근 인사와 전화로 여러 차례 대화를 나눈 것을 녹음한 파일이다. "야당이 공천도 해준다고 했고 비례대표도 5번 안으로 준다고 했지만 포기했다"는 최 총장의 말은 충격적이었다. 또한 "나는 그때는 이제 위기절명이었어. 왜 위기절명이었냐면 정경심 교수가 우리 학교에 있는 한 우리 학교가 이상하게 흘러가게 될 거고. 하나는 뭐냐면 조국이 대통령 되면, 법무부장관 돼서 그 순서대로 밟아가게 되면 우리나라 망한다, 이 생각을 한 거야"라는 내용도 들어 있었다. 최 총장의 법정 증언의 신빙성을 의심할 수밖에 없었다. 나는 관련 내용을 연속 보도해 큰 파장을 불러일으켰다. 또한 2심에서 강사휴게실 PC와 관련한 검찰 주장을 뒤흔드는 내용들이 정 교수 측의 포렌식 결과 새롭게 밝혀졌다. 검찰이 유죄의 근거로 든 가장 강력한 증거들이 뒤집히기 직전이었다.

그러나 재판부는 강사휴게실 PC와 관련해 정경심 교수 측이 제시한 증거들을 인정하지 않았다. 검찰이 유죄를 입증할 수 있는 명확한 증거를 제시하지 못했음에도 2심 재판부는 정 교수에게 유죄를 선고했다. '의심스러운 것은 피고인에게 유리하게'라는 형사법의 대원칙은 넝마처럼 구겨져 아무렇게 버려졌다. 1997년 4월 서울시 용산구 이태원동 버거킹 화장실에서 한 대학생이 무참히 살해된 사건에서 법원은 이 대원칙을 적용해 살인범을 풀어줬다. 당시 경찰과 미군범죄수사대는 범행 시간에 화장실에 있던 용의자 두 명을 검거했고 검찰은 이들 중 한 명을 기소했다. 하지만 법원은 두 명 중 누가 살인을 저질렀는지 입증할 증거가 없다고 피고를 풀어줬다. 형사법의 대원칙 때문이다. 하지만 법원은 유독 정 교수에게만 다른 잣대를 들이댔다.

특히 최성해 전 총장을 증인으로 다시 불러 1심 증언의 신빙성 여부를 따지지 않은 점은 재판부가 핵심 쟁점에 대해 심리를 하지 않은 '심리미진'으로 볼 수밖에 없다. 변호인은 최 총장의 육성파일과 녹취록 일부를 재판부에 제출했지만 증거로 채택되지 않았다. 2심 재판부는 판결문에서 이 육성파일에 대해서는 거론조차 하지 않았다. 재판에서 가장 중요한 쟁점에 대해 법원이 심리를 하지 않은 것이다. 법원이 편파적이었으며 헌법이 보장한 무죄추정의 원칙을 어겼다는 것을 자인하는 꼴이나 다름없다. 대법원 역시 2심 판결이 정당하다며 원심을 유지했고 최 총장의 육성파일은 세상에 존재하지 않는 것처럼 취급했다. 검찰이 주장하는 것을 심리도 제대로 하지 않고 다 받아들인다면 법원의 존재 이유는 무엇인가?

형사법은 한 국가의 정치와 법 문화의 수준을 보여주는 척도로 여겨진다. 정치가 독재체제로 흐를수록 법치국가와 거리가 멀어지고, 민주화될수록 법치국가에 가까워진다는 말이다. 이는 한국 현대사가 고스란히 증명하고 있다. 1975년 4월에 일어난 '인민혁명당 재건위원회 사건' 관련 사법살인이 가장 대표적인 사례다. 박정희 정권이 진보세력을 잡아넣고 고문을 통해 조작 기소한 사건에 대해 법원은 그대로 인정해 사형을 선고했다. 그리고 하루도 지나지 않아 무고한 피고 여덟 명은 형장의 이슬로 사라졌다. 세월이 흘러 1987년 6월 항쟁 이후 우리나라도 민주화되었고 정치권력에 의한 법치주의 훼손은 많이 사라졌다는 평가를 받았다.

하지만 검찰개혁을 소신으로 하는 조국 전 청와대 민정수석이 법무부장관에 임명되면서 벌어진 검찰의 무자비한 수사와 기소, 그리고 이해할 수 없는 재판 과정과 판결을 보면서 우리나라는 아직 실질적인 법치국가가 되려면 멀었다는 사실을 깨달았다. 검찰이 누군가를 표적으로 삼아 죄를 주려고 마음먹으면 얼마든지 기소할 수 있고 감옥에도 보낼 수 있는 나라라는 것을 알게 된 것이다. 서울대 법대 교수

출신에 청와대 민정수석까지 역임한 조국 전 장관과 같은 사람도 속수무책으로 당할 수밖에 없는 나라인데 민초들이야 말해서 뭐하겠는가? 영화 「그대가 조국」이 보내는 메시지는 너무도 선명하다.

그대가 조국이 되지 말라는 법이 있는가?

그리고 조국의 어두운 터널은 언제나 끝이 나려는가?

영화표 한 장이 촛불 하나입니다

조 국

   다큐멘터리 「그대가 조국」은 2021년 봄 '엣나인필름' 정상진 대표와의 만남에서 시작되었다. 정 대표는 2019년 8월 9일 법무부장관 지명부터 10월 14일 장관 사퇴 사이 동안에 벌어진 '전쟁'은 전대미문의 것으로, 영화를 통한 기록과 평가가 필요하다고 강조했다. 그러나 당시 배우자가 구속 상태에서 재판을 받고 있었고, 나 자신도 피고인이 되어 재판을 받고 있던 상태라 거절했다. 영화가 공개되면, 내용과 무관하게 비난이 가해질 것임을 염려했다. 우리 사회에서 법원 판결을 비판하면 "판결에 불복하느냐?"라는 비난이 돌아오기 십상이다. 법정에서 무죄를 다툰다는 이유로 "반성하지 않는다"라고 공격하는 이들도 있다.
   그 후 당시 진행 중이었던 사법적 판단과 별도로, 검찰·언론·정당 연합공세의 목적과 행태를 영상을 통해 국민들께 알려야 한다, 2021년 한길사에서 발간한 책 『조국의 시간』만으로는 부족하다는 정 대표의 설득에 다큐멘터리 촬영에 응하기로 마음을 정했다. 이후 이승준·진모영 감독, 감병석 피디, 양희 작가 등을 만나 다큐멘터리의 취지와 방향을 들었다. 나는 담담하고 차분한 작품이 되었으면 좋겠다는 소망을 피력했고, 제작 팀도 같은 생각임을 확인했다. 2019년 '사태' 이후 최대한 사람을 만나지 않고 있었던지라 나의 일상 속으로 카메라가 들어오는 것은 부담스럽고 어색했다. 그렇지만 돌이켜보면 카메라가 옆에 있었기에 마음을 추스르고 다스릴 수 있었던 것 같다.

다큐멘터리 촬영이 진행되던 도중 2022년 1월 27일 대법원은 동양대 PC의 증거능력을 인정하면서 정경심 교수의 유죄판결을 확정했다. 그 이전에 동양대 PC의 증거능력을 배제하는 서울중앙지방법원 제21부의 결정이 있었기에, 대법원의 이러한 결정은 큰 충격이었다. 정 교수 사건에 대한 1, 2심 재판부의 판단에도 이해할 수 없는 것이 많았지만, 대법원에서는 다르리라는 기대는 무참히 무산되었다. 소식을 듣고 팔다리에 힘이 빠졌다.

대학 입학 후 법학을 전공하고 가르친 사람으로서 나는 항상 법원을 존중하고 법조인을 존경해왔다. 그러나 법원은 '성역'(聖域)이 아니며, 법조인은 무오류의 '성인'(聖人)이 아니다. 사실 언론은 자신의 관점과 다른 판결이 나오면 사설과 칼럼을 통해 법원과 법관을 비판한다. 이 영화는 수사·기소·판결을 통해 확정된 '법률적 진실'에서 배척되거나 간과된 다른 '진실'이 있음을 말한다. 그리고 법률적 진실 뒤에 가려진 '정치·사회적 맥락'을 조명한다.

이 영화를 통해 검·언·정의 주장만이 압도적으로 전파되어 있는 현실이 조금이라도 변화하기를 소망한다. 특히 지난 대선에서 윤석열 후보를 공정의 화신이라고 믿으며 투표한 분들께서 이 영화를 보아주시길 희망한다.

나는 계기가 있을 때마다 여러 번 대국민사과를 했고, 그 마음은 지금도 여전하다. 『조국의 시간』에서도 인용했던 가톨릭 고백 기도 문구를 늘 되뇌고 있다.

"나의 가장 중대한 잘못 탓입니다"(Mea Maxima Culpa).

2019년 법무부장관 지명 이후 나의 온 가족은 무간지옥(無間地獄)으로 들어갔다. 수사와 재판 과정에서 온 가족의 사생활이 까발려졌다. 사모펀드를 통한 권력형 비리를 운운하는 악의적 허위보도가 난무했다. 배우자와 동생은 감옥에 갇혔다. 이 충격으로 팔순 노모는 멀쩡했던 시신경에 문제가 생겨 한쪽 눈을 실명했다. 배우자는 구속수감 중 수시로 병원 신세를 지며 진료를 받고 있다. 동생은 검찰 수사, 구속, 석방 등을 겪으면서 생이빨 7개가 빠져 임플란트를 해야 했다. 딸은 보수언론과 극우 유튜버의 시도 때도 없는 공세 속에서도 꿋꿋이 의사 생활을 하고 있지만, 대학과 대학원 입학이 취소되어 소송을 치르고 있다. 이를 보는 것은 아비로서 살을 찢는 고통이다. 선친께서 이

멸문지화(滅門之禍)를 보지 않고 별세하신 것을 다행이라고 생각한다. '지옥 같다'는 말이 실감 나는 시간이 3년째 계속되고 있다.

노모는 부산에서 성당 교우와 이 영화를 보셨다. 슬픔과 분노의 감정이 터져 나와 힘드셨다고 한다. 나도 제작 팀과 함께 가편집본을 보면서 많이 힘들었다. 아들과 딸은 개봉 후에도 아직 이 영화를 보지 않고 있다. 가족 구성원 전체가 언론에 의해 공격받았던 시간, 자신들의 일거수일투족이 언론에 의해 추적되고 보도되던 시간, 그리고 자신들이 검찰 특수부에 소환되어 조사받았던 시간 속으로 되돌아가는 것이 끔찍해서일 것이다. '몇 년의 세월이 흐른 후 보겠다'고 하는 말에 가슴이 아팠다. 마음의 상처에 굳은살이 생겨야 볼 수 있으리라.

영화 개봉 후, 한동안 연락이 끊겼던 친구와 지인들이 영화를 보았다며 연락을 해왔다. 지인이 보내준 고려 보조국사 지눌(知訥)의 『권수정혜결사문』(勸修定慧結社文) 글귀가 가슴을 파고들었다.

"땅에서 넘어진 자 땅을 딛고 일어서라. 땅을 떠나 일어서는 일은 있을 수 없다"(人因地而倒者 因地而起 離地求起 無有是處也).

넘어진 바로 이 자리가 무참하지만 새로운 시작점이다. 무너진 바로 이곳이 신산(辛酸)한 희망의 거처다.

마지막으로 다큐멘터리 「그대가 조국」을 위한 텀블벅 펀딩에 참여해주신 시민 여러분과 영화를 관람해주신 시민 여러분께 깊은 감사 인사를 올린다.

　"영화표 한 장이 2019년 하반기 서초동을 밝혔던 촛불 하나였습니다. 여러분 덕분에 버티고 견딜 수 있었습니다. 여전히 어두운 터널 속에 있지만, 여러분의 마음과 뜻을 생각하면서 힘을 내겠습니다. 대단히 감사합니다."

그대가 조국 스토리북

지은이 켈빈클레인프로젝트
펴낸이 김언호

펴낸곳 (주)도서출판 한길사
등록 1976년 12월 24일 제74호
주소 10881 경기도 파주시 광인사길 37
홈페이지 www.hangilsa.co.kr
전자우편 hangilsa@hangilsa.co.kr
전화 031-955-2000 팩스 031-955-2005

부사장 박관순 총괄이사 김서영 관리이사 곽명호
영업이사 이경호 경영이사 김관영 편집주간 백은숙
편집 이한민 박희진 노유연 최현경 강성욱 김영길
관리 이주환 문주상 이희문 원선아 이진아 마케팅 정아린
디자인 창포 031-955-2097
CTP출력·인쇄 예림 제책 예림바인딩

제1판 제1쇄 2022년 7월 2일

값 19,000원
ISBN 978-89-356-7757-3 03340